目　录

第三章　　　千种眼神

第一章　　　我的戏剧自传

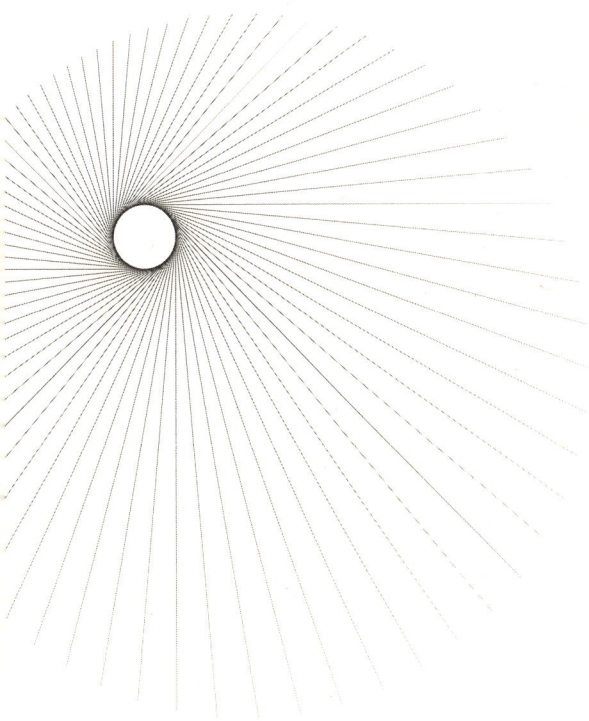

从演员到导演

（1955—1965）

　　年仅 10 多岁的中原瞳和江原真二郎出现在电视画面里。饰演罹患核爆后遗症的不良少女的中原瞳和饰演不良少年的江原真二郎都还很年轻，年轻到让人不忍直视。不，不只他们。田中邦卫、山本学、高津住男也都很年轻，我也是。此刻出现在画面右后方的是主角江原真二郎上班的饼干工厂作业区，站在江原真二郎后面的就是我。一头长发，脸颊丰润。对了，当时为了扮演这个曾是不良少年的角色，我好像还用丹顶牌发油梳了个飞机头。不过这部电影的描写手法强调弱者心中永远有正义，打从一开始参与演出，我就不怎么喜欢。今井正导演的作品中我最喜欢的是《浊流》（1953）。

　　我看着电视上播放的这部电影《纯爱物语》（1957），一边回想着这些往事。

　　"咦？那不是你们爸爸吗？"

我太太突然大声叫道。

"哪里哪里？咦？是爸爸！真的是爸爸啊。"

17 岁的大女儿大叫。

"哎哟！好恶心啊，头发还那么多，怎么会这样。"

快满 12 岁的小女儿接着说。

小女儿出生后我的头发就日渐稀疏，她几乎没看过我头发茂密的样子。看来她很不习惯有头发的我。

"你怎么没告诉我你有演这部电影？"

我太太说。

"让别人看到 19 岁的我太难为情了，我不想讲。而且我本来以为应该没人会认出来。"

那是我第一次以演员的身份参与演出的电影。田中邦卫、山本学还有我，当然都还是默默无名的演员。今井正导演对演技的要求相当仔细严格，我们彩排了无数次，直到导演满意为止，重来个几十次也是家常便饭。不单是年轻演员，连资深演员也一样。不过这位老是驼着背抽烟的导演绝对不发怒。他总是满脸微笑地指导，满脸微笑地等待演员表现出他想要的演技，绝不妥协。但我就是不喜欢这部电影。

电视上终于看不见我的身影，19 岁的我没入画面深处。54 岁的我眼中 19 岁的我。我所看到的我。好比安德烈·塔可夫斯基（Andrei Tarkovsky）的电影一样。

开成高中一年级升二年级时我留级了，所以我 19 岁才高中毕业。当时报考了东京艺术大学美术学部油画系，不过没考上。就在这时，我听说青俳剧团正在招收研究生[①]，便去报考。青俳的排练场在麻布三桥，当时我住在埼玉县川口市一条化铁炉林立的街道，从新桥搭五号电车去考场。原本想学油画，为什么突然又想当演员，这当中的转折我自己也不太清楚。但是画画时觉得自己内心的激昂翻涌无法获得排解，觉得莫名焦躁，也确是事实。我顺利考进青俳，因缘巧合地成为演员。

青俳是个有点特殊的剧团。担任独立制作电影和左翼导演的电影主角、深受年轻人支持的木村功和冈田英次，由于他们对以往新剧形式感到不满，于是与各剧团的年轻演员一起创立了这个剧团。来自民艺剧团的加藤嘉，来自文学座的高原骏雄，来自新协剧团的织本顺吉、清村耕次、冈田英次、西村晃，来自俳优座的木村功，都参与了创团。研究生中有梅津荣、川合伸旺、园井启介等人。导演是当时早稻田大学英文系副教授仓桥健先生。

这个剧团向来积极经营电影、电视、广播等大众媒体，在新剧圈评价很差。理由是青俳已经堕落，把艺术家的灵魂卖给了资本主义。当新剧人参与电影或电视演出时，他们说这只是打打零工。依照这种荒谬道理，由积极参与电视、电影演出，还当上大明星且很会赚钱的年轻演员所组成的青俳剧团，根本是个无可饶恕的堕落集团。青俳在戏剧界中只能屈居异端。我

___

[①] 在一定的期限内，于大学、短期大学以及高等专门学校等进行研究活动的学生，同进行正规课程学习的学生有别。——编注

加入的青俳剧团，就是这样一个地方。

　　我第一次站上舞台演的是安部公房的《快速船》这出戏。剧场是田村町的飞行馆剧场。这出戏是安部公房写的第二部戏，非常不可思议。我的角色名字是"背广告牌的男人"，也就是所谓的街头广告员。没有台词，只需要一边跳舞一边走到吊在舞台中央的屏幕，用手指着屏幕上投影映出的新闻报道，再跳舞退场。我画着一脸小丑妆，服装也像个小丑。

　　首演当天我搞砸了。因为太过紧张，我情急之下撞到了屏幕，甚至还挡住了放映的投影画面。屏幕被我一撞摇摇晃晃，投影出来的新闻报道也被突然冲出来的我挡住，根本看不清楚，观众看到我不知所措的样子哄堂大笑。我手脚顺拐同时摆动，看来像个机器人。公演结束后我去找仓桥导演道歉。仓桥导演对我说："尽管失败，你也很认真努力，别放在心上。"这就是我第一次登上舞台的经验。

　　安部先生经常来剧场。排戏时也会带夫人真知子太太和孩子来看。他的孩子通常都在观众席睡觉。我曾经听人谣传，安部先生给孩子吃了安眠药让他入睡。听到这种谣言我们都暗自佩服，觉得确实很像医学系毕业的安部先生会有的行事风格。

　　我这个演员容易自我膨胀，演技又差，唯独爱面子这一点特别不输人。青俳的团员共分成剧团成员、准剧团成员、研究生三个阶段。新剧剧团多半采取这种制度。研究生除了学习如何演戏，还得协助后台工作。大道具、小道具、服装、特效，说穿了什么都得干。但是我从来没做过后台工作。只要被分配到后台工作，我就会高声主张："我是演员，我不碰工作人员的工作。打死我也不做！"

不管任何人来说服我都一样。导演组很不高兴，但我一心觉得自己加入剧团是为了当演员，不是为了当幕后工作人员，任凭他们怎么骂我都无所谓。当时只有木村功先生总是笑看这样的我。我推算那时候木村先生大概三十一二岁吧。

木村先生总是叫我"小锦"或"阿锦"。当时新剧界很盛行棒球，有一天我们跟鱼河岸队伍比赛时，有些球迷误认为我是中村锦之助（万屋锦之介），蜂拥上来央我签名，从那之后我就有了"小锦"这个绰号。我确实是个很嚣张的研究生。每当研究生们聚在一起热闹喝酒聊天，话题渐渐乏味时，我就会自以为是地开始大放厥词，比方说：

"说这些无聊的话题简直浪费时间！我回去了。"

或者是：

"你们的演技只是屈从流俗，一点内涵都没有！"

有一天，木村先生笑着说：

"阿锦啊，我看你还住家里，经济环境也不错，不过有机会不妨离家打工，体验一下苦日子。这些经验对你演戏一定有帮助。"

我回他：

"我又不是要写小说。我要运用想象力和观念来转换成经验。我要成为这种演员。"

木村先生笑称我是"贵族演员"。

不过，这样的我竟然在铃木政男先生所写的《黑龙江》这出军队戏里被拔擢为主角。但我的演技依然生硬不自然。仓桥导演看起来很不高兴，我明显地感觉到排练场气氛越来越凝重。我更加紧张，周围逐渐充满不耐焦躁的情绪。到了休息时间，我一个人蹲在排练场一角。谁都不会想靠近一个演技拙劣的演员。如果跟这家伙说话，仿佛连自己都会被认为是导致排练场阴沉气氛的元凶，所以大家都离我远远的。这时候，木村先生走到蹲在一角的我身边：

"阿锦，到外面来。"

说着，他递给我一个棒球手套。我跟着木村先生走到马路上。木村先生把球丢给我，我接住了。

"喂，阿锦哪，状况不好的时候埋头闷着想也没用，得先好好放松。明天你比大家早一个小时到排练场来，我陪你一起排练吧。"

接着他又跟我玩了10分钟左右的投接球。

隔天木村先生真的早一小时来到排练场。他教了我许多事。他给的批评相当有逻辑，我总是很惊讶他为什么这么了解人，就像用镊子夹起内脏的外科医生一样，精确剖析着人类的心理，然后又极其自然地将这些分析融入演技当中。我大为惊叹。从那天起，我开始发现演戏的趣味。

公演结束后，我升格为剧团成员。

木村先生的演技在电影上最能发挥他优异的特征。《真空地带》（1952）、《山神学校》（1952）、《足折岬》（1954）、《野良犬》（1949）、《七武士》（1954），等等，真要一一列出可没完没了。木村先生最讨厌新剧风格翻译剧中的发声和不自然的动作。他彻底地思考过该如何表现出自然的演技。他参与过的这些作品至今仍然不断重新上映，在电影里木村先生展现了他的纤细、温柔、干净利落，以及完全不着痕迹的高超演技，充满魅力。

木村先生偶尔会对我说：

"喂，一起去玩玩吧。"

然后带我到银座的酒吧，一喝就是好几间，最后我总是会在木村先生家留宿。有一天早上一醒来：

"这件衣服给你吧。"

木村先生送了我一件衣服。他送我的那件咖啡色西装，现在还静静地挂在我的衣柜一角。

大家都说，木村功先生和冈田英次先生既是搭档，也是对手。确实，他们两个人的风格恰成对比。举个例子，当时剧团之间偶尔会举办棒球比赛，我们经常会到神宫外苑球场去打球，比赛结束后冈田先生往往会丢下一笔钱：

"这些大家拿去吃点东西。"

然后一个人先离开。而木村先生则是对大家说：

"大家都累了吧，不如到我家去喝酒吧。"

接着把我们都带回家，招待我们吃喝。

我记得在 1959 年左右吧。当时早稻田大学戏剧系有一位优秀的学生名叫清水邦夫，在仓桥健和安部公房先生的推荐下，剧团希望请他为青俳写剧本，并希望内容是关于半工半读的夜校学生青春群像，清水先生于是这么回答：

"啊，好，知道了。我会写一出有黑线也有灰线的戏。"

虽然已经约定好要为剧团写剧本，但是清水邦夫跟剧团开会时总是保持沉默，一语不发，工作迟迟没有进展。导演组为此十分苦恼，有一天他们找上我，希望我负责清水的沟通工作。

"清水他好像遇到比自己年长的人就不太说话。你跟他只差一岁，帮帮忙，来当清水和剧团的沟通桥梁吧。"

于是我决定去见清水邦夫，相约的地点在中野公会堂。当时仓桥健先生正好带清水邦夫去看一场试演会。我们正在演出威廉·萨罗扬（William Saroyan）的《喂，救救我》（*Hello Out There*），刚离开新东宝的原知佐子参与了演出。

当时她的名字还叫田原知佐子。带点男孩味道的她散发着动人光彩。我记得木村先生把她带来时对我们说："我找到了一个很不错的女演员。"

清水不太说话，但我们两个莫名意气相投，之后偶尔还会见面。1960 年，清水完成了他首出多幕戏《明天在那儿插花吧》。这就是他所谓有黑线也有灰线的戏。《明天在那儿插花吧》带给我很大的冲击。这出戏里充满了极尽温柔之后的残忍，宛如描述当时我们在政治上、社会上受到的屈辱般，我看了非常感动。故事中一个少年为了脱离贫穷的家而拼命存钱，他的弟弟身患小儿麻痹症，用弹吉他来努力守护自己的世界，还有一个少女借由装病来强烈抗拒成人世界和现实。他们残忍地杀死了象征希望的黄莺，最后甚至犯下了杀人罪，无法挣脱现实。那堵厚实的墙壁最后依然高耸隔绝。只剩下少女"明天在那儿插花吧"的叫声在黑暗里不断回响。

我和清水偶尔会在新宿的咖啡厅"风月"，还有响着震耳欲聋现代爵士乐的酒吧"金合欢"见面。清水总是很安静，简直像有语言障碍一样。他总是沉默着，跟他戏里主角们总是因为不安和焦虑忍不住多话，刚好形成明显对比。

《明天在那儿插花吧》在安保斗争败北后的1960年7月上演。当时的剧场是俳优座剧场。可是那场公演并非正式公演，于是加上了"特别公演"这个奇妙的名称。其实大部分的剧团成员都无法理解这出戏。我和另一群认为只有社会主义现实主义才有价值的剧团成员们连日不断争辩，后来在剧团大会上表决要不要演这出戏时，只有仓桥健、冈田英次、盐田殖和我四个人赞成上演，其他剧团成员都反对。所以最后才会冠上"特别公演"这个名称进行公演。大部分的剧团成员和剧评家，都以斯大林、日丹诺夫的社会主义现实主义定义作为背后的批评主轴，不去反省自己的厚颜无耻，而评论这出戏"缺少对未来的展望""一味强加绝望和焦躁""只凸显出否定面"等，这时，清水还是一如往常地保持沉默。

当时已当上早稻田大学教授的仓桥健导演跟安部公房先生一起在青俳里创建了剧团成员的读书会——"艺术研究会"。要成为"艺术研究会"成员必须接受面试,合格的人才能加入。我面试合格后,在研究会里聆听过安部先生关于巴甫洛夫的讲课。还有罗杰·瓦扬（Roger Vailland）和德尼·狄德罗（Denis Diderot）以及布莱希特（Brecht）的戏剧论。仓桥导演则讲授了斯坦尼斯拉夫斯基的《演员自我修养》。那时候青俳的每个人都很热衷学习。

我还是研究生时,某一天剧团成员聚集在仓桥导演家喝酒。那天来了一大群剧团成员,好几杯威士忌下肚,我喝得酩酊大醉,终于忍不住把平时的不满一口气爆发出来。我冲到仓桥导演家的厨房拿起一把菜刀,走到他面前高举菜刀大叫:

"导演!你一边在大学教书一边又做剧团的工作,为什么你不专心经营剧团,认真面对我们呢!演员要是不全心投入不可能成为好演员,但导演总是有后路可走。你分析剧本的能力确实很强。但是你总是不愿意弄脏自己的手。我不知道你知识有多渊博,但是就算书读得再多,也不过是个会走路的图书馆,会走路的图书馆!"

我面色惨白,紧握着菜刀。

这时,仓桥导演的太太这么对我说:

"阿锦哪,仓桥他每天只睡三四个小时,所有时间都在认真研究。你明白吗?"

我听了心里大惊,一松手,菜刀掉了,发出一声钝响滚落在地板上。我低垂着头,然后突然觉得很不舒服,冲进厕所吐得乱七八糟。在那之后我就不省人事,倒在厕所地上 [1]。

几年后,仓桥导演和木村功吵了一架退出剧团。起因是《库班的苹果》这出戏,参与演出的木村先生和其他剧团成员,并没有遵守仓桥导演给的指示。公演结束后的讲评会,仓桥导演拿着剧本从第一页到最后一页,一句一句分析台词。排练场弥漫着异样的气氛,鸦雀无声。最后仓桥导演说:

"因为我这样仔细分析过剧本,才会对你们做出种种要求,但你们却不把我的指示放在眼里,继续待在这种集团里也没有意义,我决定退团。再见。"

仓桥导演就这样离开了青俳。

之后安部先生也逐渐疏远。最后剧团里只剩下演员。

剧团有仓桥导演再加上安部公房先生从旁辅佐,是极接近理想的形态。现在仓桥导演和安部先生都走了,选择戏码、挑选导演,都得由演员们自己来。但是不管再怎么努力学习,演员终究是演员,并非导演。后来青俳里分成冈田英次和木村功两派。

自从演出阿兰·雷乃(Alain Resnais)导演的电影《广岛之恋》(Hiroshima, My Love, 1959)之后,冈田英次逐渐摆脱以往的写实路线,开始喜欢前卫剧风格。比方说,他邀请知名前卫影像作家松本俊夫来担任导演。松本先生亲自将皮兰德娄

（Pirandello）的作品改编，以《谎言与真实的背后》这个名字
上演。不过木村先生并没有参与这出作品的演出。

　　木村先生向剧团推荐了青俳演员穗高稔在从事体力劳动工
作之余，将自己的体验化为作品所写的《饭场》，还有《战友》
这出现实主义戏剧。而这些作品演出时，想当然，冈田英次也
没有参与。

　　剧团两大明星冈田英次和木村功的想法不同，自然而然，
年轻剧团成员和研究生也会随之分成两派。这种派系之分甚至
到了滑稽的地步。大家开始无所适从，剧团里谣言蔓生，比方
说冈田派又提出某某作品作为剧目、木村派又推荐了哪位导演、
几月几日听说谁和谁见面讨论了什么，等等，每次一有风声年
轻演员们总是铁青了脸，左右张望不知所措。

　　就个人交情来说，我比较喜欢木村先生，不过关于戏码的
选择，我偏好冈田先生的提案。我这个人划分得很清楚，作为
一个人我喜欢或不喜欢他，跟我在戏剧上的选择是两回事。所
以我跟木村先生聊天，也会跟冈田先生谈话。只有我一个人能
若无其事地同时和木村先生和冈田先生往来，那些追随风向的
年轻演员都很羡慕我。

　　自我 19 岁进剧团以来，就决定说自己想说的话、做自己
想做的事。我很受不了也看不起那些在背地里抱怨或批评，表
面上又装作若无其事的研究生。当大家希望研究生能有自己公
演的机会时，却没人敢向剧团提出要求。反而是由年纪最小的

我出席剧团大会发表演说，要求举办研究生公演。那次发表会后的讲评会上，剧团成员们个个口不择言大肆批评我们的演技，而我颤抖亢奋地对他们说：

"为什么你们说得出这种不堪入耳的字眼呢？说什么我们的演技烂到想上舞台来揍人，有这个必要吗？我们只不过希望各位前辈能告诉我们该怎么改进、该如何生活才能成为优秀的演员。"

所有研究生都沉默低着头。这些跟我同期的研究生都很怯懦，不管是早稻田戏剧系还是俳优座养成所出身的家伙，每个人嘴上谈起戏剧都头头是道，背地里也老爱批判剧团和剧团成员，可是一旦站到剧团成员面前，却毕恭毕敬地端茶、买烟、捶肩膀，有些女人还会跟人上旅馆。我一直在反抗。被要求做后台工作时，不管再怎么被骂我就是不动手。我的理由是，自己是为了当演员才进剧团，所以除了演员以外的工作我一概不做，做那些事对我来说一点用处都没有，直到最后我都没有拿过一次锤头。

这事说起来其实没什么值得夸耀，但我心里很害怕，如果不像这样拼命把持住自己，我可能会变得像那些我所轻蔑的研究生一样。其他研究生伙伴经常对我说，你为什么老是那样斜眼看我们？为什么老是撇起嘴角冷笑看我们？但我一点也无所谓，谁叫你们就是这么卑劣的家伙。不过遗憾的是，身为演员，那些家伙远比我优秀。这一点我自己也很清楚。他们成功地驯养自己的自我意识，活得自由又充满自信，我总是为他们的演技所折服。满嘴大道理、自以为是，演技却充满过多的自我意识，僵硬又拙劣，这就是我。平时卑鄙、猥琐、低贱，一旦发挥演技，却又那么自由、耀眼、美丽，这就是除了我之外的研究生。这就是年轻时的我，还有围绕在我身边的现实。我永远无法逃脱那种迷失自己肉体的感觉。

剧团由松本俊夫先生执导后过了几个月，一天，当时任职于《新日本文学》编辑部的津野海太郎到排练场来找我。原来是松本先生介绍的。在那之后我跟津野海太郎熟了起来，津野介绍我与学习院大学法文系的佐伯隆幸和诗人长田弘认识。我也介绍了文学座的准座员岸田森和悠木千帆（树木希林）给他。我跟岸田森是一起参加电视演出后熟起来的。

当时岸田森和树木希林在池袋一间小餐厅的二楼同居，后来我们开始每周在他家聚会，以津野为中心，自由畅谈各种跟戏剧有关的话题，说穿了就类似一种读书会。岸田森是蝴蝶收藏家。他书桌抽屉里有好几百只蝴蝶夹在薄薄的纸张中保存。他总是露出偏执狂般的眼神，兴奋地取出珍藏的蝴蝶对我们讲解，苍白的脸这时才微微泛红。树木希林把鸡蛋放进茶壶里煮水煮蛋。看到这女孩直接把蛋放进茶壶里煮，我吓了一跳。我心想，一般不是该用锅煮吗？我们就这样一边吃着树木希林从茶壶里一个个捞出来的水煮蛋，一边讨论戏剧，后来还写起心中理想的剧团组织结构。长田弘当时刚出了一本诗集《我们是新鲜旅人》。他写起这份组织结构最是热心，那样子看起来好比一个孩子在描绘将来自己想住的房屋格局图一样，令人莞尔。佐伯隆幸老爱说些不中听的话，常被津野骂。

读书会持续了好几年，后来我们终于决定创办"六月剧场"这个剧团，但是结果我并没有参加六月剧场的创团。我的戏剧人生出发点始于一个专业剧团，不论这影响是好是坏，都让我对学生戏剧出身的津野和佐伯想法有些隔阂。所谓隔阂，主要在于我觉得他们并不具备戏剧的肉体。后来，六月剧场的那帮人和佐藤信等人一起创办了"戏剧中心68／71"，或许当时我心中的那股些微异样还真没错。我继续留在青俳，在戏剧和电影、电视中以我那拙劣至极的演技表演。

参加电影和电视工作时，我经常遇到田中邦卫、山本学、井川比佐志和露口茂。我们所属剧团虽然不同，但等于是同时期出道的演员。当时年轻又默默无名的我们，每到拍戏的休息时间就会聚在一起，畅谈彼此对演技和剧团的看法。当时我觉得优秀的家伙，多半都还继续留在演艺圈中，可见人生没有侥幸。我深深觉得，人生确实会在漫长的时间中经过一番淘洗。当时让我质疑凭什么能拿到这种好角色的人，现在也都不再是演员。

有一天，我参加NHK的和田勉先生执导的电视演出。排练第一天，我在排练场跟其他许多演员一起等待开始排练，突然听到一个洪亮的声音。

"大家早！"

和田勉走了进来，那声音大到他差点破嗓，女孩们甚至吓到差点跳起来。我呆呆看着和田导演的脸。和田导演一坐下，先给我们看了几十张画在图画纸上的图。那是他的分镜图。接着他开始说明他的导演计划。排练开始，和田导演不断大叫着：

"好！我要这个的 100 倍！"

"好！很好！让你的眼珠子往前跳 100 米！"

到了休息时间，和田导演一边吃着宵夜幕之内便当，一边哇哈哈哈大笑。

"天妇罗也太好笑了吧，干吗替鱼穿衣服呢，真可怜，哇哈哈哈！"

我们每个人都筋疲力尽。在这个拍摄工作期间，大家都被和田导演玩弄于股掌间，完全不知所措。我想这一切都是和田导演刻意表演的，我们的日常感彻底被和田导演瓦解。拍摄工作转眼就结束了。电视上播放的画面里，弥漫着不寻常的紧张感，完全形成了和田导演独特的世界。

没有导演的青俳总是邀请外来导演。他们往往应付完工作就拍拍屁股走了。我对于外面请来的导演这种敷衍态度很不以为然。曾经还有一位导演在作品上舞台排练时，手持 8 毫米摄影机在观众席走来走去。看起来好像一个想用摄影机拍下自己孩子在发表会中精彩身影的爸爸一样。这些人我都叫他们假日导演。开什么玩笑。我可不想把自己的青春浪费在那些家伙半吊子的工作上。

当时我心想，看来只能自己来当导演了。那一年，我 30 岁。

[1] 在电视上出演第二代《水户黄门》的西村晃先生，是我进入青俳剧团时的剧团成员，当时他还很少参与电视或电影的演出。不过在仓桥健导演导戏的排练场中，每当西村先生快出场时，所有研究生都会放下手边的工作跑去看。我们都很期待西村先生会有什么有趣、令人惊讶的演技。西村先生的演技创意真的很有意思，总是叫人满心期待。西村先生的太太是川尻则子小姐，川尻小姐也是青俳剧团的女演员。

川尻则子小姐过世时我接到通知，也赶去参加告别式并帮忙。木村功先生的夫人梢女士和仓桥导演的夫人等，过去青俳剧团的演员们也都共聚一堂。

悲伤的同时，又交错着和久违的伙伴还有照顾过自己的前辈的重逢之喜。这个晚上的告别式，成为一个很不可思议的空间。那时候仓桥健的夫人笑着对我说：

"我看到你在《全读物》里写到我们，阿锦（就是指我）你怎么乱写一通呢。"

我暗自心想，我可没乱写呢，但是想到自己笔下那些青春回忆，又觉得有些难为情，不觉低下了头。木村梢女士说：

"谢谢你写了我们家那口子的事，我们很高兴。"

我尴尬地说"哪里哪里"，躲开了这个话题。

在仓桥家的那个小事件，难道是我的幻想？或者那件事其实发生在新年剧团成员聚集在冈田英次先生家时呢。我确实记得自己曾经拿着菜刀敲着砧板，也记得菜刀松脱落地。有可能是我回望过去的望远镜头失焦错乱，在我眼前映照出一幅自己偏好的美好影像吧。不过，我想让记忆就此保存下去。我想，这也是我的一部分。

骚乱的新宿时代

（1966—1973）

"蜷川，听说你要离开剧团？"

高津住男说道。高津是演出电视连续剧《检察官》的知名演员。他的笑容此时格外炫目。

剧团大会的气氛顿时一变。刚刚那虚伪的笑容和过剩的开朗，都因为高津突如其来的一句话而烟消云散。所有剧团成员都望向我这里。我只能哑然，不，茫然得说不出话来。

前一天，我在排练场附近的咖啡厅跟高津聊了一会儿。

"怎么？又要聊女人吗？"

高津咧嘴笑着说。

"我还是想离开青俳，创一个新的剧团。"

"什么！"

高津大声惊叫。

"我之前不是向剧团提出申请，希望能让我导戏吗？后来我接到回复，还是不行。他们说如果不是知名演员，一个小演员想当导演是不可能的。其实我也可以理解。"

我说道。

"千田是也、宇野重吉，还有芥川比吕志，这些演员出身的导演过去都是知名演员，所以其他演员才会服气。因为我不是名演员，当然他们没说得这么明白啦，不过大概就是这个意思，总之他们不可能让我导戏。"

"可是，清水不是还特别为了你写了戏吗？"

"就是啊，清水邦夫特地替我写了《真情满溢的轻薄》，可是他们却不愿意让我导，我看我还是离开青俳，自己创立新的剧团好了。大概只剩这个办法了。"

没有导演的青俳，从外面请来的导演总是敷衍了事，没留下任何戏剧上的成果就挥挥衣袖走了。看到这种状况我自己心里擅自认定，要脱离现在这种严重的停滞局面，只要我来当导演就行了，只剩下我来当导演这个方法。

我没有在大学的戏剧系学过导演，也没在剧团导演组里学习过，但也不知为什么，我就是想成为导演。这种突如其来的一厢情愿完全没有说服力，可是这些我一点都不在意。我自己一个人下定决心，要当个导演。

在那之前五个月左右我结婚了。对象是同剧团的女演员真山知子。我们彼此都知道对方有正在交往的对象，不过就在一次前往名古屋赶赴电视台工作的电车上，我们比邻而坐，因为这个机缘突然决定结婚。周围的人惊讶到无语，大家都在背地里说，反正那两个人也撑不到三个月，就连我母亲都这么说。以演员来说，真山演技比我好，当然收入也比较高，大概多出我一倍。

我对正在准备晚餐的真山说：

"我想当导演。"

"我可没听你说过。"

"是啊，我也是突然起了这个念头。"

"这是骗婚！因为你是演员我才跟你结婚的，怎么可以突然想当导演呢！"

"……"

"不过，男人还真可怜。"

"……"

"你们如果没有梦想就活不下去对吧。想做什么就去做吧。"

真山笑着说。隔天我去见了清水邦夫，说我想自己导戏，拜托他替我写一出戏。清水说：

"我一直想写一出年轻男女在漫长的队伍中发狂的戏，你能导吗？"

"可以，在舞台上制作阶段状的布景，然后让人群在楼梯上蛇行排列成队，你觉得怎么样？这样不但可以展现深度，看起来也比较复杂，我觉得还不错。"

说着，我还画下了舞台布景的图。

在那之后过了两星期左右，清水把写好的剧本交给我。标题叫作《真情满溢的轻薄》。这个标题很适合我们，不管是戈达尔（Godard）的《筋疲力尽》（*Breathless*，1960）或是瓦伊达（Wajda）的《灰烬与钻石》（*Ashes and Diamonds*，1958），都在描写"真情满溢的轻薄"风格的青春，以轻快滑稽的手法来描写沉重的主题，我觉得这种手法非常具有那个时代的特色，一想到我们跟戈达尔、瓦伊达、贝尔蒙多（Belmondo）、齐布尔斯基（Cybulski）站在同一战线，我就兀自亢奋了起来，甚至觉得世界瞬间离我好近。

"蜷川，你还要跟谁一起走，冈田也一起吗？"

高津问。

"对，冈田先生说他也要一起离开。还有真山、蟹江敬三和十个研究生。高津你呢？我看青俳对你还不错，我不会勉强你。毕竟离开剧团不确定的状况还很多。"

我说道。

"马上就要离开吗？"

"不，不会是现在啦。"

"是吗……"

"你暂时别说出去，我只是想先让你知道。"

我们走出咖啡厅，分头离开。高津走向涉谷，我走向新桥的方向。就在第二天，"蜷川，听说你要离开剧团？"

他在剧团大会上突然这么对我说。

于是我们提早离开了青俳。而我也比预定计划更早成为导演。

人与人之间的聚散离合，其实根本没有所谓的正义和正确。我只是突然涌起一股难以捉摸的模糊感慨——原来这就是人性啊，当然也包含我自己在内[1]。

在那最后一场大会席上，木村功只是盯着半空，直到最后跟我都没有眼神交会。

最后我们几个决定退团的人离开排练场。在日光灯的惨白光线当中，留下的人目送我们离开，没有人开口，大家都沉默不语。

隔天，我开始寻找排练场。我在涩谷的樱丘附近发现一个很合适的地方。那里的租金需要近 200 万日元，冈田英次先生借了我们这笔钱，他说，我们和你们年龄相差一段差距，体力也不够，至少让我出点钱吧。

剧团应该叫什么名字呢？叫 GROUP 68 怎么样？还是叛剧社比较好？大家纷纷说了不少意见，后来冈田先生提到他去苏联时看了"现代人剧场"这个剧团的表演，非常有趣，所以我们就决定叫作"现代人剧场剧团"。我们的剧团就此起步。时间是 1968 年的春天。

承租排练场那天，我们一人带来一条抹布，大家一起用抹布仔细地擦亮肮脏的地板，把路边捡来的水果箱放在旁边当成桌子用。因为资金不够，我们连桌椅都买不起。大家从附近的中餐厅叫了外送拉面，权充祝贺搬家的面条。蟹江敬三和石桥莲司还有年轻演员们在刚抹完还湿漉漉的地板铺了报纸坐下，一边说笑一边吃拉面，看起来很开心。我们剧团里不设阶级制，没有所谓剧团成员、准剧团成员、研究生的分别，每个人都是剧团成员，一切事情由所有人一起讨论决定，大家约定好，这会是一个直接民主主义的团体。

我大口大口地吃着拉面，看着眼睛绽放光彩正在开心聊天的蟹江他们，突然一阵胃痛袭来，让我再也吃不下面。我有导戏的才能吗？这些年轻人因为相信我才一起离开青俳，但我真的行吗？恐惧突然涌上心头。我再也吃不下任何一口拉面。从那天起，我开始讨厌拉面。

那时候新宿伊势丹百货旁有一栋全黑建筑的奇怪电影院。入口摆着冈本太郎的作品"拒绝坐下的椅子"。这个地方是新宿文化艺术剧场，上映着许多特别的艺术电影。等到晚上九点半以后电影播完，便开始上映外百老汇的前卫剧或者日本年轻作家的前卫剧。不管播电影或者是上演戏剧，剧场内总是弥漫着蒸腾热气。这是日本首次诞生的地下剧场。我非常希望能在这座新宿文化艺术剧场上演《真情满溢的轻薄》。

一天，我鼓起勇气去拜访艺术剧场。从正面售票处向右拐，有一扇面对小巷的门。我敲了门。里面发出了点声响，门应声打开。剧场经理葛井欣士郎先生坐在这天花板低矮的小房间一角。

听了我的来意，葛井先生说：

"好的，我们来演清水先生的作品吧。我支持你们，有什么需要帮忙的尽管说。"

　　1969 年 9 月 10 日首演，22 日是末场。新宿文化艺术剧场和现代人剧场的合作公演就此决定。这就是我们剧团的创团公演[2]。

　　快开始排练的某一天，为了修订剧本，我和清水邦夫约了投宿在千鸟渊一间小饭店里闭关，这间饭店里有很多专做外国人生意的妓女。清水一如往常，静静坐在桌前，而我没事可做，不知不觉就睡着了。半夜里，我隐约听到声响，睁开了眼。

　　"啊！不行不行！"

　　清水邦夫正敲着自己的头，在房间里绕圈子。我吓了一跳，没有叫他，屏息不敢发出声音。清水终于又恢复平静，再次坐回桌前振笔疾书。我一直装睡到隔天早上。《真情满溢的轻薄》的定稿就此完成，终于要开始排练了。由蟹江敬三和真山知子担任年轻男女主角。

　　《真情满溢的轻薄》公演相当成功。面对不知在等待什么，也不知道为何而等，只是乖乖排着队的人群，一对年轻男女觉得很不耐，开始出言挑衅。而这种挑衅看起来热情得几乎像是爱情。突然，机动队冲出来打散了队伍，打死了这对年轻男女，舞台也被机动队员占据。等到戏演完，观众席灯亮，观众才发现观众席也被机动队包围了。没有人敢站起来，剧场里弥漫着凝重窒息的空气。最后终于有观众鼓起勇气站起来，挺身对抗包围的机动队员。剧场各处都发生着乱斗。某天晚上，观众席唱起《国际歌》；某天晚上，观众席开始出现 Z 字队形游行。观众分不清现实状况和戏的内容。不，或许他们就是想把这两者混为一谈吧。

这就是我的出道作品。

报纸和杂志的剧评反应都很好。植草甚一先生在《文艺》发表了一篇评论，大加赞赏。比起其他任何人的肯定，植草先生的称赞让我最是高兴。

植草先生从我们在排练场公演时就来看过。当时看到植草先生突然造访我们很惊讶，也一直很好奇植草先生看完戏的感觉。

剧场外，新左翼游行不断和机动队发生冲突。我们参加游行，也演戏。排练场里总是放着几顶安全帽。《真情满溢的轻薄》的演出助理有四个人，他们几乎都是全共斗[1]的学生，分属ML派[2]、革马派、中核派、社青同解放派等四组织。斗争虽然持续落败，但是那时候还算好，到最后我们根本无法自由行动。

《真情满溢的轻薄》最后一场的演出结束后，我们在排练场举办了庆功宴。排练场挤满了客席演员和来帮忙的工作人员，公演超乎意料的成功，让整个排练场都欢腾激动。

其中只有冈田英次先生一个人铁青着脸在发酒疯。他走在喝酒胡闹的青年之间，故意撞他们，然后低声念叨着"废物、废物"。排练场里似乎开始有股紧张感，但是冈田先生的异样最

---

[1] 全学共斗会议的简称。1968 年至 1969 年之间，日本各大学学生自然聚集而成的左派学运组织。（若无特别说明，本书注释皆为译注）

[2] M 指马克思，L 指列宁。

后还是被年轻人的热气所淹没。前来做客的岩渊达治先生说："冈田啊，你要是想动手就朝我来吧！"我呆呆看着眼前这光景。庆幸成功的喜悦和忽地涌现的疲劳，让我一阵晕眩。

真山走到我身边，这么对我说：

"阿锦，看到冈田先生发酒疯的样子没有？我看这个剧团也撑不久了吧。"

我望向冈田先生。仔细看看，其实冈田先生并不是随便冲撞，也不是随便找个人说话，看起来他是挑选着对象去冲撞，也是看人才出言怒骂。他是故意发酒疯的！岩渊先生还是跟刚刚一样："要打人的话冲着我来！"脱去上衣挡在冈田先生面前。

我眼前这副光景既滑稽，又令人悚然。那天夜里已经同时可以看到成功和分裂了。蟹江敬三、石桥莲司都玩得很疯。那天晚上，只有我和真山两个人是清醒的。

有一天，我和真山到江波杏子位于青山的家去玩。真山和江波小姐经常在大映的电影和电视里一起演出，交情不错。她们两人有些地方很像，还挺谈得来。

走进江波小姐家时，发现暖炉桌里有人在睡觉。那个男孩慌慌张张地起身。原来是小健（萩原健一）。他们两人住在一起。

那天夜里，我们聊到米克·贾格尔（Mick Jagger）、鲍伯·迪伦（Bob Dylan）、齐柏林飞船（Led Zeppelin），还说了鬼故事。小健吃了江波小姐煮的拉面。拉面里放了生菜和年糕，我心想，他怎么吃这么奇怪的拉面？19岁的小健感觉跟一般人不太一样，我觉得挺有趣。在那之后我们几个交情不错，经常在一起玩。

小健常打电话给我，多半都是半夜两三点。

"啊，蜷川先生你还醒着吗？我是小健啦。有张很有趣的唱片，你听听看，我要放啰。"

话筒另一端传来摇滚乐的声音，我就这样听着话筒传来的摇滚乐，大概有 30 分钟。

"怎么样，不错吧，这曲子不错吧！那就这样，晚安。"

小健的电话总是这样突然挂断。我太太很受不了，"你们两个大半夜的在干什么？"其实我也很无奈啊。

有一天，小健邀我到池袋的 ACB 去看他们的现场表演，他在粉红色灯光照射之下唱着齐柏林飞船的歌。这种杂乱无序的风格我觉得挺不错。舞台上的小健发现了我们，使了个眼色要我们到后台去。

1970 年春天，冈田英次和几位演员离开了现代人剧场。他们一退团马上创立了一个叫作"如实"的剧团，我不太清楚他们离开的理由，也没多问，我们用灯具和现金偿还了当初冈田先生借给我们的钱。

冈田先生一离开剧团，我们立即面临窘迫的经济危机，付不起排练场的租金，剧团经费有绝大部分都仰赖冈田先生的电影和电视演出费用。我们退掉了排练场，搬到某间小公寓，那是一间在樱丘轨道旁的旧公寓，电车一通过房间就会随之摇晃。附近有津野海太郎和佐伯隆幸他们六月剧场的办公室，我们常常在路上偶遇。

我们在这间房里排练，准备参加游行，彻夜讨论。房间里一旦聚集将近 20 个人，就会窘迫到难以动弹，尽管如此，我们从来不觉得不自由。我心想，要是没有排练场，哪怕是在河畔、公园，或者空地，都一样可以排戏。我觉得贫穷正是我们的原点。我们借了排练场后，一定会准时开始排练、准时结束。因为没有多余的钱付超时费。蟹江和莲司他们进排练场之前，都会在附近的公园做好演员自主训练后，再到排练场来。

蟹江敬三和石桥莲司是两位风格大相径庭的演员。蟹江平常几乎不说话，莲司则一天到晚话匣子停不下来。大概蟹江说一次话，莲司会说上百次吧。

不过说到演技却刚好相反。蟹江精彩地扮演了因为不安而渐渐多话的青年，而莲司也成功演绎一个沉默青年。这两人是很好的搭档。他们的演技很奇妙地涵盖了现实青年的各种个性，他们的演技就是现实青年的分身。同年代的青年们相当支持他们。

小健偶尔会来排练场玩，看蟹江和莲司演戏。清水邦夫还是依然安静，一脸困倦地替我们写戏。

有一天，我家的电话响了。

我急忙拿起话筒。

我："喂？"

对方："……"

我："喂？"

对方："啊……"

我："喂……（突然想到）你是……清水吗？"

对方："……"（话筒另一端传来呜呜的呻吟声。）

我："啊，清水，我是蜷川啊。"

我太太在我附近叫道：

"阿锦，你睡昏头了吗？电话是对方打来的啊！"

清水邦夫的电话，总是在早上9点打来。每当时针指向9点，铃声就会响起，那就是清水的电话。我猜清水邦夫可能像个变态一样，一直在时钟下徘徊痴等到9点。当时针走到9，他马上就拿起话筒，转动数字盘，然后，我家的电话就响了。但是选择9点这个时刻并没有什么特殊理由，他的坚持简直有点病态。就算是我接的电话，只要稍微慢一点接起，他就会发出呜呜怪声。假如电话被真山接起来，那更是不得了。听说他完全沉默，一点声音都不发。真山本来还以为是恶作剧电话。有一天她发现这电话固定在早上9点打来，推测可能是清水邦夫，遂将话筒交给我，结果果然是清水打来的。真山很无奈，要我告诉清水："可不见得每次都是蜷川接电话，有时也会是我接到的啊。"真是拿他没办法。

当时街上天天是狂热的示威抗议。每一次上街头抗议，现代人剧场就会有一些人被抓走。我也听到有些不同意见，觉得这种非常时期还演什么戏呢。不过我们还是持续公演。

1971 年，从 10 月 6 日到 20 日，我们在艺术剧场上演了清水邦夫的剧本《乌鸦，我们上弹吧！》，为了能参加 10 月 21 日的国际反战日游行，我们定在 20 日结束这场戏。《乌鸦，我们上弹吧！》这出戏，讲的是一群老太婆代替不再斗争的年轻人占领了法院，最后这些年老的妈妈化身为年轻人继续斗争的故事。

公演结束后不久，现代人剧场突然解散。当时距我创团过了 4 年。

现代人剧场的公演总是挤满年轻观众。我们这些原本默默无名的年轻人渐渐有了点名气。不单在戏剧里表现出激烈鼓动，现实生活里我们也是以激进的态度跟政治打交道的。不过每当斗争败北，疲劳就日益累积。剧团成员当中也累积了各式各样的不满情绪，有人对选角不满，有些人对我们面对政治的态度不满，而有些人在不满什么，他们自己也搞不太清楚。

创立剧团时的整体感已然消失，我们讨论了几天，终于得出结论。大家决定先回到个体的状态，如果我们真的需要彼此，那么将来一定还会再聚。现代人剧场的解散就这样简单地决定。清水有点生气地说："本来以为你们可以再坚持久一点的。"

决定解散的那天夜里下着雨。我把解散消息告诉几位朋友后，回到家，发现真山在衣柜前掉眼泪。真山说：

"总觉得我的青春就这样结束了。"

"好像是呢。"

我也附和着她。

　　我突然想把玄关的名牌换掉。名牌上写着蜷川天才。我本来以为只要这么写，就可以激励自己拼命努力学习，所以自己动手做了这个写着蜷川天才的名牌。有一天小健来我家玩，他惊讶地大叫，原来蜷川先生的本名叫天才啊？这时我心想，差不多该把名牌换掉了。

　　现代人剧场的解散，在周围人看来或许显得很唐突。但是我从来不曾忘记在《真情满溢的轻薄》庆功宴那天夜里，滑稽又令人悚然的光景。我暗自觉得，该来的终于来了。

　　失去了剧团的我，再次开始演员的工作。我演过时代剧里的坏人，也演过电视剧里的流氓。偶尔我也去看戏。坐在观众席上等待开幕的时间，我心里会接连跑出许多独白。要是这个导演比我厉害怎么办，如果戏演得很糟岂不是白费我特地跑一趟，等等。我心里还会想象，如果是由现代人剧场来演会怎么样，换成蟹江和莲司来演又会怎么样。当我在不忍池看到状况剧场的《二都物语》那天晚上，因为太过感动，几乎想加入状况剧场去当唐十郎的助手。现在想想那真是一段惆怅心酸的日子。

　　有一天，我到国际放映的摄影棚，准备电视演出。一如往常，是时代剧里的反派角色。我在二楼化妆室里戴好假发，正在准备化妆。许多不同剧组的演员都在同一间化妆室里准备。

　　"阿锦，最近还好吗？"

　　我听到一声招呼，转过头去。木村功先生笑着站在那里。这是退团之后我第一次见到木村先生。接着我又听到另一个声音：

"你们两个都在啊。"

我和木村先生转过头去，看到冈田英次先生站在那里。

木村先生坐在我左边，冈田先生坐在我右边。我们三个人一起开始化妆。三个人分别演出不同的时代剧。镜中的我们都装着高发髻。

我们三人的对话带着异样的节奏，还有沉默和笑声也是。我觉得很累，我猜大家在那一天应该都筋疲力尽了吧。

1972 年的某一天，我邀蟹江敬三和石桥莲司到新宿的"五十铃"这家店来。我开口邀请他们两位，希望能再次与他们共事。我深信只要有了蟹江和莲司，什么戏都能演。他们两人也表示愿意一起合作。接着我去找了清水邦夫。

于是清水、蟹江、莲司和我四个人，开启了戏剧剧团"樱社"的序幕。我们体会到联合赤军事件①也有可能发生在自己身上，必须承担起这个现实。"盛开的樱花树下埋葬着尸体！"这是我们取名为樱社的理由。我们一人拿出 10 万日元，作为剧团基金。

樱社的创团公演，是清水邦夫的《当我们渡过无情的大河》。首演日是 1972 年 10 月 6 日，地点同样是新宿文化艺术剧场。故事的舞台是公园里的公共厕所，我们把真的树搬到观众席来，把真正的芒草装在观众席的椅子上。

①　由日本极左恐怖武装组织联合赤军引发的山岳基地事件、浅间山庄事件，统称为联合赤军事件。

观众热情地迎接我们的复活，观众席中塞满了年轻人。但是首演那天晚上，我靠在观众席最后方墙壁上看着舞台，愕然惊觉我们的舞台的衰弱。

不管是清水的剧本、蟹江和莲司的演技，当然还有我的导演手法，都显得相当孱弱。我们衰退的状况直接反映在舞台上，看来虽然异样而美丽，但不管是诉说的言语、表演的肉体，都不过是反复的自我模仿。

观众席上挤满了跟斗争脱节的年轻人，他们只是咯咯笑着。我们开始脱离现实，我感受到一股汗毛倒竖的恐惧。我们企图打造出只存在于当下的戏剧，而这刻画在时间中的戏剧，却开始与现在的时间脱轨。

那天晚上，我把这件事告诉清水。演员们还处于刚演完戏的肉体亢奋中，很是开心兴奋。而我和清水则深刻地感受到我们的偏离。

看完《二都物语》后，我曾经拜托唐十郎替我们写戏，最后他写了一出叫《导盲犬》的戏。《导盲犬》的演出非常成功，我们让一只真正的导盲犬出现在舞台上，整个剧场都充满了狗的体味。

接着，我们又演了《不哭吗？不为了一九七三年而哭吗？》。这是清水的作品。故事内容是一个叫"残酷秀"的剧团，在大众澡堂的浴池盖子上表演自己过去的保留节目，戏里巧妙地重叠了现代人剧场、樱社和我们过去的戏剧活动。不过票房相当惨淡，我对自己的才能感到绝望。我丝毫没有感受到任何戏剧上的新意。

终演那天谢幕的舞台上，我和清水还有蟹江、莲司并排站着。这是我们第一次同时站在舞台上。我面对挤满剧场的观众，这么对大家说：

"我们的舞台已经衰弱了，衰弱到惨不忍睹的地步。我们希望能够再次从零出发。总有一天我们还会回到新宿。在那之前，我们应该不会在新宿演戏了。从 1969 年到 1973 年这段时间，长久以来非常感谢各位的支持。"

观众席一片骚动。

"你们要快点回来！"

"我们永远都会等着你们！"

这些声音像合唱一般此起彼落。

于是，我们在新宿的戏剧就此画下终点。我们就像一群使尽全力奔跑，然后筋疲力尽纷纷倒下的奔跑者一样，而我们也确实想要重生。在艺术剧场的最后那天晚上，从舞台上下来之后，清水被放在舞台上的旗杆绊住，差点跌倒。我觉得这是相当具有象征性的一幕。我们就这样带点滑稽地蹒跚前行。而我们的衰老，也从那时起渐渐浮现出轮廓。

[1] 1993 年 6 月 27 日，我在前往神户的新干线上见到了高津住男。不知相隔了几年，当时我正在看书，发觉有人止步、直盯着我。抬头一看，是个戴着黑色棒球帽，有点年纪的男人。那个人看着我的眼神有些复杂，带点怀念，又像是在探询，不知方不方便搭话。我心想这人齿间的缝隙还真宽，是谁呢？是东映的武术指导？不，不对，是演员吧？我企图把视线从书本聚焦到那人的脸上，但迟迟对不到焦，让我很心急。啊，是高津，我终于发现了对方是谁，好久没见了，你去哪了？最近怎么样？你从东京上车的吗？我刚刚没认出你呢。我不断说着话。

短短一瞬间，我们就回到青俳研究生的时代。我们大概只聊了 5 分钟左右，新干线开进了京都车站，高津下了车，他说有个电视的工作，要到东映去。

"蜷川，你死的时候（他还要我别生气）我一定会去给你上香的。"

"你好烦！"我当时回他。

[2] "现代人剧场"的创团公演，其实是石堂淑朗作、岩渊达治导演的《烦恼的众神即将出发》。但我们认为自己是为了演出清水邦夫的《真情满溢的轻薄》才离开青俳剧团、创立现代人剧场，所以将实际上第二次公演的《真情满溢的轻薄》称为我们的创团公演。我想外界应该也是这么想的。

千把利刃

（1974—1983）

"喂，不准拍照。这种日常生活的状态，而且还是正在吃饭最没有防备的时候，怎么能拍呢！"

饰演水户黄门的东野英治郎先生一边合上便当盖一边大叫。一群观光客拿着相机，正打算拍摄外景休息时间在寺庙院内用餐的演员，他们一惊之下作鸟兽散。东野先生的口气跟每每在连续剧接近尾声时痛斥无礼村人的黄门老爷一个样子，实在有趣。其实吃便当的样子被拍到我倒是不以为意，所以看到东野先生突然发怒，觉得既意外又有趣。我心想，演员的内在构造还真是复杂。

我跟东野先生交情还不错，自从东野先生来看过《真情满溢的轻薄》，我们就认识了。

晚上九点半开始的戏，六点左右观众的队伍就把剧场周围团团围住，即将开演前，剧团里的年轻人开始整顿队伍，我们在队伍中发现了东野英治郎先生。

看到当时我们激烈批判的新剧演员，而且又是辈分远比我们高的前辈也跟着年轻人排队，大家都相当惊讶。尽管东野先生不愿意，我们还是硬把他先带进剧场，请他就座。

公演结束之后，东野先生对我说：

"蜷川啊，这戏很有趣，我看了非常感动，以后也要继续加油啊。"

东野先生率真的赞美让我很高兴。

东野先生的演技没有旧派新剧演员常有的那种对西欧的自卑情结。举个例子，就拿发音来说，东野先生不像泷泽修先生会发出类似西洋人的怪腔怪调，他直接用日本人原有的声音来表演。每当看到东野先生扮演的人物，我就会想起自己的父亲，他一辈子都没有告诉儿子们自己的人生感悟是什么，只是默默埋首工作，终老一生。东野先生的演技能让观者的记忆交错，充满力量又游刃有余。我觉得那种游刃有余的感觉，或者说温柔的轮廓，就是东野先生演技的最大特征。

东野先生说，他很想知道蜷川这家伙心里在想什么，要我也一起来演《水户黄门》，数次邀我来京都。

拍戏时每拍完一个镜头，东野先生就会要我到他身边，后来甚至准备了一张我专用的椅子。

"蜷川啊，改天我们一起来演斯特林堡（Strindberg）的戏吧。不过，你不觉得你的戏里演员动作太多了吗？我不需要那么多动作也能好好表现的。再说我年纪也大了，开始排练之后，如果有记者来你那天可不准批评我啊。你要很尊敬地称呼我东野先生、东野先生，给我做足面子知道吗。哇哈哈哈！"

东野先生说道。

"我知道了，没问题的。"

我也这么回答。

东映京都影城是个很讨厌的地方。直到现在，除了大明星之外，许多从东京到这里工作的演员都不喜欢东映京都。为什么能聚集这么多坏心眼又排他的工作人员和演员？几乎到了令人佩服的地步。

京都这些配角演员对来自东京的演员百般冷嘲热讽。那态度摆明了在说："明明有我们在，何必还要大老远从东京请这种演员来？"但是他们擅长的往往只有武打戏，许多人演技都很糟。他们很会讨好奉承大明星，但对其他人却霸道无礼。

当他们知道是东野先生特地把我从东京叫过来，整个影城对我的目光才渐渐不那么尖锐。

拍摄结束之后，通过演员会馆入口处的演技事务房间前，一群扮演反派的演员们总是聚集在走廊上的沙发旁挡住通道，那时候听到我对他们说"辛苦了"，他们总算会点头响应。在那之前我的"辛苦了"他们都装作没听到。明明视线望向这里，却故意装出一脸若无其事态度的反派们开始会对我点头。可是他们从来也不曾露出笑脸响应我的问候。

　　走出影城的门后往右拐，马上就能看到一间名叫"太阳"的饭店。那是我的住宿处，回到那间肮脏的小房间，我顿时全身放松。躺在床上，电话突然响了。接起电话，对方说他是东宝戏剧部的中根。

　　"我想请您导演明年5月在日生剧场的《罗密欧与朱丽叶》。"

　　"演员是谁？"

　　"罗密欧是市川染五郎（现在的松本幸四郎），朱丽叶是中野良子。"

　　中根制作人表示这出戏原本计划请佛朗哥·泽菲雷利（Franco Zeffirelli）来执导，但是他因故无法前来，希望我代替他来导这出戏。他又继续说，反正您迟早会知道的，所以原本计划请泽菲雷利导演这件事我也先告诉您。

　　当时我一心想导小健使用女儿节台座①、在女儿节晚上表演的《哈姆雷特》，所以虽然觉得机会难得，但还是辞退了对方的好意。

　　在《不哭吗？不为了一九七三年而哭吗？》的末场演出，宣称再也不在新宿演戏后，我拼命地思考如何让我自己还有樱社蜕变重生。该换剧作家？换导演？还是换演员？总之，势必要在这三者之中有所改变。我觉得大家彼此的想象力遮掩了彼此的感性。如果没有新的邂逅，就不可能有下一步的发展。

———————————

① 日本传统节日女儿节中，为祝福女孩健康成长而设置的一个阶梯状陈列台，由上至下摆放穿着和服的娃娃。

我想起在樱社末期曾经见过的一位青年，那应该是1972年的秋天吧。我进了新宿一间电影院打发时间，一个青年叫住我。我已经忘记当时演的是什么电影了，坐下没多久，电影就演完了。我走出大厅抽烟，正靠在墙边发呆。

"您是蜷川先生吧？有件事我务必要请教您，可以跟我到外面来吗？"

"可是我才刚进来，还没看电影呢。"

我对他说。

"非常抱歉，但是我真的很想请问您。"

那个青年纠缠不休。

看到他愁眉深锁的凝重表情，最后我也无法拒绝，跟他一起离开了电影院。

我们进了电影院附近一家地下室的阴暗咖啡厅，面对面坐着。服务生端了咖啡来，但那青年始终没开口说话。

"你要问什么？"

我先开了口。

那一瞬间，我感觉有个东西抵住我的侧腹部，那人上半身前倾，盯着我的脸。我只能从他极不自然的姿势，想象他在桌面下伸长的手臂。他铁青着脸这么对我说：

"蜷川先生，你现在能高谈希望吗？请回答我。"

我没说话。

"蜷川先生，你能高谈希望吗？"

那青年再次开口。

"我没有资格说希望，也不会高谈什么希望。"

我说道。

"是吗。"

说着，那青年站起身来。抵在我侧腹部的力道突然消失。青年伸出他放在桌下的手，那手里握着一把折叠刀。

"我常看你的戏。如果你现在大言不惭地跟我高谈希望，我打算一刀刺下去。还好——"

说着，他离开了咖啡厅。

假如观众席里坐着一千名青年，他们手里就等于握着一千把利刃。我想，我得打造一个足以对抗千把利刃的舞台。那就是我的使命。

隔天拍完戏后，我躺在饭店里翻看《罗密欧与朱丽叶》的文库本。中根制作人又打了电话来。

"我现在在京都车站，能见一面吗？"

影城正门的马路边林立着一间间餐厅和咖啡厅。其中有东京演员常去的咖啡厅，有京都演员爱去的咖啡厅。京都演员们不会踏进东京演员聚集的咖啡厅，而东京演员们也不会走进京都演员常去的咖啡厅。我和中根制作人在一间刚开张的小酒馆见面，那是我们第一次见面。

中根制作人作风强势，也很优秀。他跟一般新剧制作人不一样。当时我对他的印象是，原来商业戏剧的制作人远比新剧制作人更优秀。

最后我还是接下了《罗密欧与朱丽叶》的导演工作。真山说我应该接下这份工作，我也期待自己能走进一个未知的新世界，或许尝试新鲜的体验、遇到不同风格的人，能让自己有全新改变。我想，这么一来我就能重回樱社。这段过程一定能带给我新的邂逅。

我决定执导商业戏剧，带给曾经参与樱社的年轻人们强烈的冲击，大家纷纷表示不满。我们决定要当面讨论我执导商业戏剧这件事。大家约了时间碰面。

见面地点在参宫桥一间小酒店，这是樱社某个成员介绍的店。那天晚上店里临时公休。清水邦夫、蟹江敬三、石桥莲司、绿魔子，还有我，再加上过去曾经参与樱社公演的工作人员和演员们，总共聚集了 30 人左右吧。

我们一直讨论到天亮，其中有人看着事先在笔记本上写好的文字发言，也有人因为太过紧张，满脸铁青地说话。最后我们得出结论，决定解散樱社。大多数人对我坚持要执导商业戏剧，都持否定的意见。

走出小酒店，天已经亮了。那天早上有些微微寒意，天色显得异常亮白。我一个人走向甲州街道。道路有些倾斜。蟹江站在人行道一角，对我说：

"阿锦，以后有什么打算？"

我回答：

"没办法，只好继续做商业戏剧了。"

那个清晨相当寒冷，我在那里跟蟹江道别。

每当我回忆起那天的事，很多细节都想不起来。虽然会浮现一些粗糙不悦的感觉，但这种感觉也渐渐不再真切。脑中的印象并不具体，就像一张平面图画纸一样，轻薄、空白地飘到我面前。难道是在我尘封了那天的记忆后，记忆变成气体飘散四溢了吗？我是不是就这样静静埋葬了过去的点滴，埋葬了和朋友之间的回忆呢？

商业戏剧很新鲜。

我一坐在导演椅上，马上就有人送来咖啡。原来商业戏剧会有人送咖啡啊，这就是我对商业戏剧的第一印象。在现代人剧场和樱社中我也得负责打扫，自己倒茶。看到有人端上咖啡，我觉得好感动。排练场中间放着一张导演用的旧椅子，听说那张椅子是菊田一夫先生常用的，我并没有用那张椅子，我总是盘腿坐在地板上排戏。

饰演罗密欧的市川染五郎一见到我便说：

"真的是蜷川先生啊，没想到那个蜷川先生就是这个蜷川先生！"

他为什么这么说呢。我记得在我 21 还是 22 岁的时候，NHK 电视台有一出村上元三所写的《江户小鼠》连续剧，我和染五郎先生都演了那出戏。那时候染五郎先生应该还在念高中吧。我们演的是游手好闲老爱惹事的旗本家的儿子。我和染五郎演对手戏，戏里两个人经常吵架，总是针锋相对。

"没想到那个蜷川先生就是这个蜷川先生！"

染五郎这句话其实是想说："没想到年轻时跟我一起演戏的蜷川先生，竟然是现在的导演蜷川先生。"

染五郎的罗密欧演技相当出色。排练第一天，我一开始就要求所有演员脱稿上场，过去商业戏剧中不曾有过这种练法。很多时候直到首演日大家还记不住台词，由此可见我这种做法有多么奇特。整个排练场陷入惊慌，我则不断破口大骂。

"就是因为你们的工作态度这么散漫，商业戏剧才会被人看不起！喂！那个戴太阳眼镜来排戏的家伙，文艺复兴时期会有太阳眼镜吗！给我拿掉！喂！为什么武打场面你搞得像《杀阵师段平》①一样，又不是在演歌舞伎。还有那边那个家伙，走路为什么弯着腰左摇右摆的，你以为在演长谷川一夫的戏吗！等一下！这句台词为什么说得这么小声？什么，装上麦克风后音量就刚刚好？笨蛋，谁跟你说用麦克风！哪个国家的人戴麦克风演莎士比亚！"

我不知丢了几个烟灰缸，有时候也丢椅子。排练场就像地狱一样。但是染五郎先生还是若无其事地排戏。终于等到罗密欧出场。

染五郎先生不知从哪里拿来了一把真的杂草，单手拿着草

---

① 以武术师市川段平为蓝本的故事。

出场。序幕在埃尔顿・约翰（Elton John）激烈的摇滚乐中揭开，将近 80 个群众一阵乱斗后的寂静中，一个怀藏恋爱苦恼的少年，从刚刚散步的森林里采下被朝露打湿的野花，慢慢走了过来。

罗密欧在广场发现了他的朋友，于是在这之前静态的演技立刻换上不同风貌，好比一个放学后的高中生，说起烦恼时就像在玩耍，那表情充满青春期特有的别扭倔强。染五郎先生饰演的罗密欧快速在舞台上四处走着，一会儿跟朋友搭肩，转眼间又走进舞台后方。好像纵身一跃就消失在舞台后方一样。

排练场中响起热烈的掌声，新鲜的演技、精湛的技术。这就是歌舞伎演员。那是染五郎先生一场出色的展演。在排练第一天，染五郎先生就能让其他演员和工作人员都沉浸在感动的浪涛中。排练场开始变成激昂的战场。那时我心想，我应该会继续留在商业戏剧世界里工作吧。

排完戏，走在新宿街头，我遇到五六个看似刚从游行回来的年轻人，他们拿着旗杆显得很疲惫。仔细一看，原来是以往樱社的成员。我们站着聊了几句。从新宿车站往歌舞伎町那条路，右边有水果店、左边是间鞋店。大批人慢吞吞地走着，最后我们干脆蹲在路边继续聊。我刚结束商业戏剧的排练，而他们刚结束一场游行抗争。我记得那是 1974 年的 4 月。斗争早就已经落幕。

导过商业戏剧后，大家对我的评价变得很糟。有天搭电车，发现车里垂吊的杂志广告上印着"给蜷川幸雄的公开质问书"。在《读书新闻》里也只刊载批评我的剧评，那时候我切身感觉到自己被孤立。

就在这时候，我接到一通电话，是唐十郎打来的。唐十郎这么对我说：

"蜷川啊，我写了一出叫《唐版 泷之白系》的戏，你愿不愿意来导？"

"我读过那出戏，非常有趣，可是我现在的评价很糟，一起工作会给您带来麻烦，这样我心里过意不去。"

听我说完，唐十郎接着说：

"不，那无所谓。我只是想跟你的这份才能一起工作。"

接到这通电话我很高兴。还记得接到电话的那一天，刚好是我生日 10 月 15 日。

我马上赶到唐十郎家去，并且决定接下《唐版 泷之白系》的导演工作。1975 年的 3 月 11 日到 16 日，我们在大映影城最大的舞台举行公演。演员阵容有李礼仙和那时候当红的泽田研二。

跟唐十郎一起工作仿佛减弱了些许当时外界对我的批判。

小健还是老样子，会在大半夜打电话来，一天晚上，他又打了电话。

"喂，蜷川先生啊，金子光晴这个老头是个什么样的人？"

我对他说明了一番。

"那老头给了我一本兰波（Arthur Rimbaud）的诗集，兰波是什么人？”

我又说明给他听。小健听了很感动。

“蜷川先生，你真的什么都知道啊！”

这样的小健也让我很感动。

最后小健解散了诱惑者乐队，创立新的乐团，然后离开了江波杏子家。

一天晚上电话又来了，他坚持邀我到他家去玩，于是我跟真山一起去了。当我们来到小健仙台坂附近的家，他突然从电线杆后的阴影跑出来。小健就像引导主人的狗一样走在我们的车前两三米前，边跑边指引该转弯的地方，身上还穿着睡衣。

小健后来开始演戏，他的演技很出色，交杂着轻快和痛苦的演技，跟马龙·白兰度和詹姆斯·迪恩属于同一种风格。如果直接套用我当时常形容他的话，我觉得他是以一种“轻快的落魄”奋力活在当下。小健正是给当时流行的演技带来新风貌的革命性人物，20世纪70年代可以说是小健的年代。《满身是伤的天使》和《母亲大人》都是少有的杰作。不管是唱歌时或是响应采访的时候，小健总像个冥想者一样平静地回答，他在日常生活中的演技相当完美，我们经常因为那演技的完美而大笑。当然，这里的我们是指我跟小健。

樱社解散之后，清水邦夫和山崎努、松本典子，以及石桥莲司和绿魔子一起创立了“风屋敷”这个剧团，但进展并不顺利，后来也解散了。一天，石桥莲司来到东宝排练场，说他跟清水处得不太好，找我商量该怎么办。我搭上丸之内线来到新宿，在这里跟莲司道别。接着我走在久违的新宿街头，眼前可以看到依然漆黑沉重的新宿艺术文化剧场。

我站在伊势丹百货的转角，仰望天空，只看到一片阴沉的天空。我脑子里闪过一些无聊的念头，如果人被射杀了，眼中的天空看起来应该会慢慢地旋转吧。我心想，我开始彻底讨厌这个地方了，于是搭上山手线回家。我没告诉真山今天莲司来找我，也没什么特别的理由，不知怎的，就是不想说。

在商业戏剧的世界里，我在海报上斗大的名字开始成为话题。有时候我的名字比主角的还来得大，这可能是中根制作人的策略吧。我想他可能希望在演员掌握着各种实权的商业戏剧中，创造出由幕后人员来主导的戏剧。

我导的戏在商业戏剧的世界里评价极为两极，在《罗密欧与朱丽叶》的贵宾招待场，演到知名的阳台那场戏时，坪内士行先生气得离开剧场。我们看到后则暗自在心里笑道，太好了，太好了。除了少数几人之外，我不相信任何评论家或英国文学家，他们所写的东西我已经受够了。我甚至还写了一份列表，上面记载着总有一天我要还以颜色的人。这份清单直到现在还放在我的抽屉里，而名单越来越长。

我向来很小心，不和评论家或者戏剧方向的记者交往过密，因为我担心当人与人之间的交往一旦越过某种距离，就无法自由批判。所以在剧场和排练场以外的私人时间我向来都不跟这些人见面。我不和他们一起喝酒，也从不和他们一起吃饭。这是我自己的坚持，我自认向来能站在公平的立场。我心想，谁要成为你们剧团村的居民啊！所以直到现在，我依然认为，面对无聊的诽谤、批评，我当然有权利彻底抗争。

有一天，中根制作人对我说：

"蜷川先生，您到海外去从来不看戏，进美术馆和博物馆也总是走马看花，逛逛就走，再这样下去你就没什么机会站在相对立场观察自己了。要不要试着把自己的作品展现在陌生环境里呢？"

"我的作品一向都展现在观众这些普通人的目光，还有剧评家的职业目光下的啊。"

我这么回答他。

"唐十郎先生说蜷川先生的眼睛像空中飞鸟的眼睛，而唐十郎先生自己的眼睛则是昆虫的眼睛。我建议您可以积极地把作品呈现在世界这个大舞台上，这么一来您将更清楚自己观点的位置。我想这样您对自己现在的创作会更清楚。"

这让我想起《美狄亚》和《蜷川麦克白》这两出戏。这两出作品的概念还有我在戏剧上的野心，没有任何人能理解，这让我觉得非常不可思议。这么精彩的作品，为什么不能获得好评？我自认为我的戏要比那些从希腊传到日本来的希腊悲剧、从伦敦来到日本的莎翁名剧更加有趣。我对自己这些作品深感陶醉。如果这样的舞台出自别人手中，我一定会相当忌妒。

我们决定赴海外公演。中根制作人说，他留学法国时比谁
都勤于看戏，他很清楚我们的戏在世界上是何种等级。

我们决定参加罗马的"罗马夏日艺术节"（Estate Romana
Festival）、阿斯蒂市的"阿斯蒂剧院艺术节"（Asti Teatro Festival）、
还有希腊的"雅典艺术节"（Athens & Epidaurus Festival），作品是
《美狄亚》。第一天在罗马，开演时间是 1983 年 7 月 4 日晚上
10 点。我的海外公演第一个晚上从此拉开序幕。

晚上 10 点开演，不过 8 点左右就陆陆续续有观众进场。有
人盛装华服，也有人随兴穿着牛仔裤，观众形形色色。将近
2000 人的观众席几乎都坐满了。

突然，观众席后方一阵骚动。负责带位的青年和一位年老
观众吵得不可开交，老人最后开始向观众席发表演说。

"这年轻人说这个座位很危险，要我走开。他说我可能会撞
到演戏时使用的吊臂，但是我进场时可没人告诉我这件事。年
轻人这种官僚式口气像什么话！危险不危险是我来判断的。总
之，这个位置是我买的，这块地方就是我的领土，你们大家评
评理，我错了吗！"

观众开始躁动，有人拍手，有人吹口哨，也有人在一旁看
好戏，就好像一场费里尼（Fellini）的电影。观众席本身就是
一个巨大的剧场。而后台的演员们则十分不安。观众席的骚动
迟迟没有平息，最后主办单位终于拿起麦克风，向演说的老人
致歉，这时观众席又响起一阵掌声和鼓噪。

负责口译的山田太太，她的先生吉诺·奇杰吉尔先生开心地对我们说，这就是罗马。他又继续说，前一阵子刚从日本公演回来、在罗马公演的努里耶夫（Nureyev），因为表现差，被丢了很多西红柿。我和演员们面面相觑。努里耶夫在日本可是大受好评呢，但是在罗马竟然被丢西红柿！

晚上 10 点钟，开演时间终于到了。三上宽先生的《大感情》这首曲子替我们的《美狄亚》揭开序幕：

> 回到我的身体，
> 那遥远遥远的从前，
> 几亿几万几千，
> 断断续续声音传来，
> 传入耳中，传入我耳中。

三上宽嘶哑的声音投向剧场正面的现代美术馆造成回响。接着歌队出场，然后是津轻三味线。美狄亚和歌队感叹着女人遭受男人背叛的悲惨命运，并且一边掏出红色缎带，一边舞动，象征着不断从嘴里吐出一丝鲜血，这时观众席响起了热烈的掌声。

此时，我隐身在户外公演观众席最后方草丛里看着前方，听到轰然叫好和拍手声，我探出身子往舞台方向看。突然近处响起沙沙声响，有人跟我一样在黑暗中从草丛探出身子看舞台。

我们彼此凝神看着对方。原来是中根制作人。

我们一样害怕到颤抖，从距离观众席遥远的草丛，远望着观众席和舞台。这时我们实在无法安坐在观众席上平静地观看舞台。我和中根制作人在黑暗里互看了一眼，苦笑着。

戏终于演完了。一瞬的静寂之后，响起激烈的叫好声，然后观众不约而同地冲到舞台前，场内涌起亢奋欢声，谢幕持续了将近 30 分钟。这就是我们第一次的海外公演。

以日文上演的《美狄亚》，罗马观众一直看到最后。意大利当地的工作人员告诉我们，这是第一次意大利人看外文演出的戏剧还这么感动，甚至不愿意离开。另一个工作人员又说，我看过你们排戏，你们真是一个很疯狂的剧团，所以才会受到疯狂意大利人的喜爱。罗马的夜晚让我觉得快意无比。

最后的公演地点是希腊的雅典，在利卡维特斯山丘上有 4000 个观众席的户外剧场，上演了我们的希腊悲剧。晚上 9 点 45 分，开幕的梵钟响遍了雅典的天空。

观众席是一片不寻常的寂静，但是戏一演完，观众便同时起立，给我们热烈喝彩，观众的叫好声和鼓掌持续了好几十分钟。

我们在希腊演希腊悲剧，想赌赌看我们走的这条戏剧之路到底对不对，而最后证明这个赌注大获全胜。

隔天，各大报都以相当大的篇幅报道我们公演的盛况，当天晚上雅典的艺术家几乎都去看了戏。雅典戏剧界的长老亚历克西斯·米诺蒂斯（Alexis Minotis）表示，"日本人教会我们，什么是希腊悲剧该有的样子"。我的第一次海外公演就这样落幕了。

从观众散场之后的户外剧场望去的雅典夜景相当美丽，天空中有月亮，下方是万家灯火。一想到这闪闪烁烁的点点灯火一路遥远相连到日本，我不禁开始怀念起家乡了。

回到日本后的某一天，我去听劳里·安德森（Laurie Anderson）的音乐会，开幕前第二次提醒铃声响起时，我在观众席的通道上被村上春树先生叫住。村上先生对我说，他在希腊看了我的戏，觉得非常精彩。我试着想象村上先生一个人悄悄坐在希腊剧场中欣赏我们的表演。那清爽新鲜的情景，让我觉得挺不错。

忧郁的季节

（1984—1989）

"原来就是这么回事啊。"

我看着空无一人的观众席，喃喃念道。7000名观众刚离开，深夜的剧场里还弥漫着因亢奋而升温的空气。斑驳受蚀的大理石观众席上还散放着观众铺的银色坐垫，看来宛如无数飞蛾的残骸。我在起立叫好的7000名观众面前数度被请到台前，但是我却感到体内炙热的火焰正在逐渐消失。我觉得狂热观众的那一端有白色火焰无声地熊熊燃烧，跟我心里那小小火焰的距离渐渐拉大。在古代遗迹希罗德·阿提库斯剧场（Odeon of Herodes Atticus）的公演获得空前成功，而此时的我却很冷静。

1984年7月，我们再次来到希腊，前一年我们在利卡维特斯剧场的公演撼动了希腊戏剧界。观众对艺术节主办单位也有严厉批判。为什么不让日本的《美狄亚》使用卫城下方的古代剧场希罗德·阿提库斯剧场？为什么要让他们在距离雅典市内有段距离、交通不便的利卡维特斯剧场公演呢？于是雅典的艺术节主办当局再次邀请我们，这次则安排在希罗德·阿提库斯剧场公演，可以说是史无前例。

根据我的推测，当初主办单位可能对来自遥远东亚一隅的日本剧团上演的希腊悲剧成果没什么把握，为了回避评价不好时的批判，才安排了距离较远的剧场吧。

希罗德·阿提库斯剧场的这场表演据说是这年最卖座的一场，晚上10点开演前就一片骚然。等待开演的7000名观众坐在俯瞰宛如深谷的陡急古代剧场中，每当他们发现有名人走到最下方距离舞台最近的贵宾席，便会拍手欢呼，欢声鼓动地迎接。7000名观众"哇！"的欢呼声直通天际。

一袭雪白服装的梅利娜·迈尔库里（Melina Mercouri）潇洒进场。她是希腊最具代表性的女演员，同时也是当时的文化和体育部部长。她刻意从剧场入口穿过圆形舞台再走向自己的座位。发现她的到来后，观众无不报以盛大的掌声、口哨和欢呼声。这时的梅利娜·迈尔库里就跟刚演完希腊悲剧的女主角出来谢幕一样，大方傲然地向观众招手。她微笑看着观众席每个角落，这才终于坐上自己的座位。跟她同行的男性是在恐红清算中被逐出好莱坞的电影导演，曾拍摄《不夜城》（*The Naked City*，1948）的朱尔斯·达辛（Jules Dassin）。

接着进场的一样是国际知名红星，艾琳·帕帕斯（Irene Papas）。帕帕斯仿佛在等待迈尔库里带来的骚动平息，在绝佳的时机登场。她一身全黑打扮，也带着一位电影导演，拍摄《特洛伊妇女》（*The Trojan Women*，1971）的迈克尔·柯杨尼斯（Michael Cacoyannis）。艾琳·帕帕斯同样笑着对观众挥手后才入座。每当有知名人士进来，这类骚动就会接续下去，在开演之前，观众席已经成了沸腾滚动的坩埚。

我拿出一张椅子，在古代剧场残破石壁的后方坐下。跟往常一样，内心怀抱不安和恐惧，等待着开演时间来临。每次观众席涌现欢呼声，我就会从舞台颓倾墙壁的隙缝间，偷看观众席到底发生了什么事。

平干二朗的美狄亚、扮演奶妈的山谷初男，还有歌队的精彩演技，让剧场笼罩在比去年更激烈的激情亢奋中。戏一演完，7000 名观众不约而同地起立，大叫"Bravo!"。梅利娜·迈尔库里和艾琳·帕帕斯也顾不及擦拭眼泪，用力鼓着掌。我觉得她们两位看来既野性又美丽。谢幕仿佛永远不结束般，不断持续。

那光景似梦如幻。我们的戏在戏剧的原点古代野外剧场受到大家如此狂热的喜爱。在日本被视为异端，除了少数剧评家以外无人欣赏的这出不幸的作品，现在成为最幸福的作品。

但那时我心里相当清醒。明明该高兴，但是喜悦的感觉却迟迟不来。某种冰冷的感觉束缚着我，甚至还在我耳边轻声说："原来不过如此啊——"那时的我，大概就像个罹患了忧郁症、满心愁绪的病人。

隔天，希腊国立剧场捎来信息，希望我能执导希腊悲剧。

　　自从我开始导戏，几乎没有一天不胃痛。我经常觉得好像有
把镊子从我身体内部不断地抽拉着心窝，剧痛和恶心的感觉从没
停过。那天晚上在普拉卡路边举办了公演庆功宴，沿路坐满了希
腊人，只要看见我们，他们无不停下用餐的手，站起来为我们鼓
掌。不过胃越来越痛的我悄悄离开宴会会场，回到饭店一个人躺
在床上。窗外的黑暗夜幕中浮现着被灯火点亮的帕特农神殿，这
时我回想起大约一年半前，前往云雀之丘车站途中的那一幕。

　　"啊，蜷川先生，您也走这条路吗？"

　　我挑了一条跟平常不一样的路前往车站，走在两旁建有木
造公寓的狭窄巷弄中，突然有个声音叫住我。我吓了一跳，停
下脚步。

　　仔细一看，一个背着幼儿的年轻女人正站在公寓前晒衣服。
那个女人笑着对我说：

　　"这孩子还小，我最近都没机会去看戏，等他再大一点，我
一定会再去看戏的。真不好意思，还请您继续加油。"

　　后面那是她家吗？老公寓的窗开着，电视开着，不过没人
在看，屏幕里不知是谁正在大声说话。

　　在前往池袋的西武线电车中，我回想起那个年轻女人。那
女人看的是我哪个时期的戏呢？是新宿时期的戏，还是我转向
商业戏剧后的戏呢？

　　过去曾经看过我戏的女人，现在已经结婚生子，她对我说
对不起，孩子还小，没办法去看戏。只不过是这样一件小事。

不过我心想，那女人的先生知不知道自己的太太等孩子大了之后还想去看戏呢？我擅自以为，女人在日常生活中的许多心思，男人一定不懂。

狭窄的巷弄、待晾的衣物、没人看的电视画面，还有屏幕流放出的大音量，我觉得这些都象征了日常生活的重量，我心想，我的戏必须要体察到这些女人的心思。

或许那只是一个女人看到从前看过戏的导演偶然走过自己面前，打了声招呼。但是在我的幻想中却把这解读成樋口一叶①的世界，那女人必然是抱着千丝万絮的心思，沉默地忍受她的日常生活。

在我心中某处，总认为自己必须埋头努力证明给那些批评我舍弃小剧场走向商业戏剧的人看，我其实没有任何改变，或许我自己并没有明显意识到这个想法，但它就像一颗潜伏的暗核，又像是藏在泥沼底下的淤泥，让我超乎寻常地执着于伦理。

我觉得我的戏必须能说出人们说不出口的意念，我也希望自己能成为一个沉默不语的人。我开始喜欢佐佐木干郎在诗集里写到的"默狂"，那段时期我在笔记本上经常涂写着"默狂"这两个字。

后来，我决定汇集几篇樋口一叶的作品，改编成《浊流》这出戏。

---

① 日本女作家，她的作品多反映明治时期社会下层人民的悲惨生活，被日本文坛称为"明治紫式部"。

我想要做一出在月色明亮的夜里，女人们将深藏心里的意念，涌泄在狭窄巷弄中的戏。巨大的月亮前有一段长长的阶梯，载着婴儿的一辆婴儿车咚咚地从楼梯上滑下来。这时音乐响起，巷弄两旁贫穷杂院的窗户开始像电影里的慢动作镜头一样，出现贴身长衫、镜台、针线盒等女人的东西，然后飞到夜空中。那情景看起来一定很像女人孤独的灵魂在飞舞吧。我想，这或许可以还给那个边晾衣服边对我说"我看过你的戏"的女人一份人情。而我对自己有这种"还她人情"的想法也很惊讶。在那之后，我开始寻找巷弄。

我去过东京都内许多巷弄，佃岛、品川、二之桥、上野、浅草，试图寻找心目中那条巷弄。但始终没有找到。

一天，我从地铁本乡三丁目的车站出来，走在本乡那一带。那是11月的傍晚，我快走到镫坂，正觉得筋疲力尽，心想今天大概也要无功而返了。爬上镫坂往左边一看，我发现一道装了许多门牌的门，看起来好像江户时代的杂院。我鼓起勇气进了门里，走在这条右边有石墙的狭窄道路，马上就可以看到一条通往左边的楼梯。那楼梯两旁密密麻麻排了许多间杂院，下了楼梯，左边是一口古井，一个男人正摇着绳子汲水。这就是我脑海中那个有楼梯的巷弄。一回头，巷子正沐浴在11月的夕阳下，闪着金黄色的光辉。

我决定打造一个跟这条巷子一模一样的舞台。在那之后过了几天，我搜集了许多樋口一叶的数据，在数据当中我发现自己误打误撞决定要拿来当舞台布景的那处巷弄照片，照片下方写着，那就是从前樋口一叶住过的地方。

我仿佛受到某种力量的牵引，去到那个有楼梯的巷弄，似乎像邂逅了自己的潜意识一样，决定将那处巷弄作为我的舞台。

《浊流》这出戏由朝仓摄先生替我打造了完美舞台，戏快结束之前，杂院房间里突然出现了真的在播放当时节目的电视机，观众一头雾水。但是对我来说，那台电视机的存在极其自然。当那个背着孩子的年轻女人叫住我时，公寓里正开着一台没人在看的电视机。无论如何，我都想重现那个情景。

从那时候起，我的作品渐渐有些改变。比方说在《浊流》中出现大批人潮的场面，演员们宛如在《近松心中物语》开场一景时一样，表现得充满活力，这时我对他们说："不对不对，我要的演技是像幽魂那样，一点脚步声都不出。"我对自己模仿自己的导演手法，还有演员们事先预测我的导戏手法来表演都感到焦躁。我强烈地希望能够找到一个全新的自己。

那年年底，我跟经常演出我的戏的年轻演员，组成了"GEKISHA 蜷川工作室"（GEKISHA NINAGAWA STUDIO），GEKISHA 这个字代表着剧社，也代表了激者①。

我再次与年轻人一起创团，剧团的据点在江东区，那是一处利用废弃染色工厂改建的剧场——"红三剧场"②。染色工厂

---

① 日语中"剧社"与"激者"发音相同，"激者"意为"勇猛的人""有激情的人"。——编注
② 红三剧场已于 2009 年关闭。

"红三"的人觉得"蜷川先生很努力",所以将原本女员工的榻榻米房间改造成排练场。工厂董事亘理幸造先生等"红三"的人真的都很善良,给缺乏资金的我们极大的支持。有时候会塞满座红包给我们,还会邀请我们参加捣年糕大会。现在红三剧场已经成为瓦伊达、莱维奥(David Leveaux)还有阿克曼(Robert Allan Ackerman)等活跃于纽约和伦敦的世界级导演在日本最爱的剧场,但当时这里还是江东区森下町默默无名的剧场。

蜷川工作室的首次公演剧目是契诃夫的《三姊妹》。这出戏的设定是"几个现代的年轻人在排练《三姊妹》"。坐在观众席的我,看到当天不好的部分便会打断,重新排练,而观众就看着我们的排练过程。实际上,上演时真的会与当天排练过程有所重叠。跟年轻演员演戏久了,我开始觉得,过去认为一定要再与蟹江敬三和石桥莲司共事的想法,根本是毫无根据的妄想,这种念头渐渐离我远去,也让我觉得无比滑稽。

我希望把跟年轻人一起创作的小剧场公演、商业戏剧的公演,以及在海外公演这三件事,当成具有同等价值的工作。

有一天我突发奇想要骑摩托车。我觉得如果给自己一个新条件,说不定能遇见一个全新的自己。我给自己的新条件就是摩托车。我的驾照是可以骑摩托车的,但是我从来没骑过。我拜托剧团的年轻演员去买车,他听了吓一跳:"蜷川先生,您会骑摩托啊?"我回答:"不,我从来没骑过,不过很想骑骑看,你来教我吧。"

　　我给了他 20 万日元，让他买回一辆二手摩托车。他买回了一辆本田 250cc 摩托。我请他骑到新宿西口公园，在那里教我。

　　眼前这辆黑色摩托车看起来真帅气，我问他：

　　"这个用脚踩的小踏板就是油门吗？"

　　他吓了一跳。

　　"那这个银色的是油门？"

　　我又问。

　　"蜷川先生您别开玩笑了，那是刹车。"

　　"那这个是油门吗？"

　　我再问。

　　"您在说什么，那是排挡！"

　　"那油门到底在哪里？"

　　"摩托的油门跟汽车不一样，不在下面。您看，油门要像这样，转动把手。您可以吗？"

　　"我看您真的什么都不懂，真的要骑吗？"

　　"对啦！我什么也不知道，就不能再仔细一点教吗！"

　　我不高兴地大叫。

　　他在深夜的西口公园一点一点教我摩托车的构造。我终于懂得怎么骑车了，骑士生涯从此开始。

　　"我要成为青梅街道上的一阵风。"

　　我这么告诉大家。

　　"视线改变后，眼里看到的风景也不一样了，我一定能够获得全新的感觉。"

我大声对大家表示。

骑摩托很有趣。虽然曾经遭遇过几次危险状况，也都侥幸平安。年轻演员中有很多人也骑摩托，他们看到我技术这么差似乎很高兴。骑摩托车去排戏时如果在路上遇到彼此，他们会丢下一句"骑车小心啊！"，然后狠狠超过我的车先走一步。

我不喜欢在大自然里骑车或者进行越野活动。对我来说，骑在拥挤的都市里更有趣。城市就像电视游戏画面一样，我在骑乘途中会不断推理想象，假如以这个速度前进，万一左边人行道有人或自行车突然冒出来可能来不及避开；或者是在这个速度下，万一前方汽车紧急刹车，我可能会追撞上去被撞飞；还有前面那辆车路径很难捉摸，不过接下来一定会左转，你看你看，果然左转了。

骑在摩托上，会发现都市就像充满危险的电视游戏画面。这是一场同头脑和条件反射相争斗的激烈游戏。我真的感觉活到这把年纪，从没用过的新细胞又开始活跃起来。

1973 年 10 月的《不哭吗？不为了一九七三年而哭吗？》之后，我就再也没跟清水邦夫一起工作过，终于在 1982 年 5 月的《雨之夏，三十位朱丽叶的回归》，相隔 9 年又再次重逢。这出戏里总共有 40 位曾经待过宝冢剧团的女演员参加演出，内容讲的是在北陆地区深夜的百货公司里，过去一起演出少女歌剧、如今四散各地的剧团成员再次重逢。似乎在暗喻着清水邦夫和我。主角淡岛千景和久慈朝美两位稍带老派的少女歌剧演技，充满魅力。巴赫的弥撒曲响遍日生剧场。妹尾河童设计的舞台道具——一座装饰艺术风的古老百货公司仿佛被包围在火焰中一样，被染成了鲜红色，而过去的剧团成员们像是蚂蚁一样从各个角落出现。现在年华老去，还依恋着过往青春的40位歌剧团成员不断啜泣，我深信这出戏正重现着我们所失去的梦想。不过我跟清水邦夫都没谈起这件事。

这出戏公演的某一天，我走在开演前空无一人的阴暗观众席里，发现角落里有个人安静地坐着，那个人也刚好看向我。

"呦！"

他举起手来打招呼。原来是寺山修司先生。

"啊，寺山先生！"

这是我和寺山先生第一次见面。我有些仓皇，好像做了坏事被逮到一样，急忙离开观众席到走廊上。直到现在我也不知道当时寺山先生为什么会坐在昏暗的观众席中。

相隔多年，在《雨之夏，三十位朱丽叶的回归》中重逢的清水邦夫，他的戏剧语言依然让我觉得精彩无比。我很放心，清水果然没有虚掷这9年的岁月。

我们在1984年演出了《冬末探戈》，清水邦夫说想以《平家物语》为题材写一出戏，我相信他这番话，查了许多跟《平家物语》有关的资料等着他，不过他最后写出来的却是一部关于躲在北陆海边破产电影院的演员、他的妻子，还有年轻女演员重生的故事。这出戏的开场，是在坐满观众的电影院里响起一声枪响，随着枪声响起，电影也结束了，观众逐渐离开，好比一个时代的结束，终于电影院里一个人也没有。这就是深具冲击性的第一幕。我所谓的冲击，因为这实在太像清水和我在新宿文化艺术剧场当时的光景。最后一幕，当主角被杀的那一瞬间，盛开的樱花花瓣和缓缓飘下的雪花在颓倾的电影院里被风吹起，慢慢覆盖住观众席，我觉得这似乎总结了我们的 10 年。当然，这只是我自己的想法，跟其他人无关。

从 1983 年以来，我每年都有外国公演的行程。

1985 年，我应邀参加苏格兰的爱丁堡国际艺术节，演出《蜷川麦克白》。这次我将在英国演出莎士比亚的戏剧。苏格兰是《麦克白》故事的舞台，在苏格兰上演这部戏，换句话说就好像在大阪演出近松①的作品一样。《蜷川麦克白》将时代背景搬到日本的安土桃山时代，舞台布景就是一座佛坛。我事先相当担心，但是却出乎意料获得极大好评。

来年，我再次应爱丁堡国际艺术节之邀，演出《美狄亚》。爱丁堡的人相当喜爱我们的戏剧，他们总是自豪地说"是我们发掘了'蜷川剧团'"。我们的戏票很快就被抢购一空。

1987 年 9 月，我们应邀参加由英国国家剧院主办的"国际戏剧节 87"。这个艺术节给英国带来了新的刺激，应邀参加的团体

①　近松门左卫门，日本江户时代前期的剧作家。

有来自瑞典的伯格曼（Bergman）的剧团，来自德国的彼得·施泰因（Peter Stein）的剧团，来自苏联的冈察洛夫（Goncharov）的剧团，以及来自日本的我们。我上演的作品是《美狄亚》和《蜷川麦克白》。

我和中根制作人在公演两个月前的 7 月先到伦敦参加记者发布会。出发前一天，主演《蜷川麦克白》和《美狄亚》的平干二朗表示，他身体状况不佳，已经没有力气和体力再演蜷川的戏，希望能够请辞。

"平先生，能不能请您再撑一阵子，跟我们一起完成演出。"我对他说。

"做完胸部手术之后我对自己的体力再也没有自信，我也没有精力能跟你一起工作了。"

平先生这么对我说。我哑然无语。

我们之间持续着凝重的沉默。

"是吗，那么请回吧。"

中根制作人冷冷地这么说。或许是历经好几个小时的不断说服，平先生始终回以相同表情，重复着同样的说辞，让中根制作人觉得心灰意冷。平先生回去之后，中根制作人送他到电梯口，我并没有从椅子上起身。

我和中根制作人心情都非常低落。我们可以在英国国家剧院跟当今世界最新锐的导演们同台竞逐，而就在即将出发到伦敦参加记者会的前一天，他告诉我无法演出，这简直等于告诉我干脆停演，因为我一口气失去了两出作品的主角。我很了解平先生对自己身体状况的不安，因为我很清楚过去平先生多么小心地管理自己的身体状况。但是这提出的时机点未免太糟，那可是出发的前一天晚上。没有主演的剧团，要我怎么面对媒体，也不可能继续公演。我感觉他就像在对我说，既然我不演，公演不如就此取消。我想中根制作人应该也跟我有一样的想法。事实上我想当时平先生一定苦思到最后一刻，犹豫着要不要演。可是那时候我们并没有余力顾虑这些。我们两人开始讨论，公演绝不能取消，一定得设法克服困难。

首先，我想到可以请青年座的津嘉山正种先生来出演麦克白，我急忙赶到巴而可剧场去见正在演出的津嘉山先生。我把刚下舞台的津嘉山先生拉到后台电梯前：

"津嘉山先生，请您跟我一起赌一局吧。平先生因病没办法参加伦敦公演，我希望您能来演麦克白。"

听我说完，津嘉山先生先是脸色铁青，然后接着说：

"我知道了，好！"

我松了一大口气。

但是我始终想不到适合演《美狄亚》的演员。我在《美狄亚》里用男演员来演希腊悲剧的女主角，这种特殊手法并非人人都能胜任。就在我满心绝望，心想可能得取消《美狄亚》时，突然想起了歌舞伎演员岚德三郎。

岚德三郎还叫大谷一江这个名字的时候，我曾经在国立剧场看过他演近松门左卫门的《女杀油地狱》，他的演技让我相当感动。一江先生袭名为岚德三郎那天，我收到了一封信，那封信的背后署名岚德三郎。

信上写着，他看完《近松心中物语》后受到很大冲击，希望有朝一日能一起工作。这份率真让我很感动。我曾经请他演出《蜷川麦克白》里女巫的角色，他的女巫相当精彩。身为歌舞伎演员，他巧妙地融合了形式化演技和写实演技。

"只有岚先生能演美狄亚，你快打电话去说服他。"

我这么告诉中根制作人。当时夜已深，我们都不知道岚先生身在何处，好不容易才在他四国的老家找到其人。

岚先生应允参加演出，隔天中根制作人和我这才能安心前往伦敦。

在伦敦这两出公演都非常成功，津嘉山先生和岚先生的演技也大获好评。岚先生在《美狄亚》的演技让他获得同年奥利弗奖最佳男主角提名。最后一天谢幕时，观众起立鼓掌，迟迟不休。我被叫到台前，突然间，几百朵花从头上落下来。观众发出惊叹欢呼声，仰头望去，遥远的舞台上方吊顶暗处，正朝着我们撒下各式各样的花。那花的数量令人难以想象，我的脚边马上就积起了一落花堆。原来是当地英国工作人员瞒着我们，从上方吊顶处撒了花下来，整个舞台都满溢着花的香味，几乎让人觉得呛鼻。那些花看起来真的非常美丽。

那个晚上，让我对人性有了更深的肯定。

　　戏剧的现场永远是人和人活生生的撞击。导演跟作家不同，永远得站在最前线，直接面对各种人。这就是我的职业。有时候我会强烈肯定人，有时候我也会强烈否定人。我就像杆廉价的秤，始终稳定不下来。但是那天晚上却不一样。

　　有一天，对了，我还记得是前往《哈姆雷特》排练场的时候。我骑着摩托车从靖国路刚要驶进岩本町，正要转换车道切入内线时，前面那辆车突然紧急刹车，我也急忙踩了刹车，那一瞬间，我整个身体飞了起来。安全帽发出铿锵大响，撞到水泥地上。我的身体滚落在地面，四处都听见紧急刹车的声音，我在地上滚了好几圈。发生了车祸。有人下了车，把我扶到人行道边。

　　我奇迹般地毫发无伤。但是或许是因为恐惧，我紧绷身子的那个瞬间，缩紧的肌肉就这样凝固，使得皮肤和肉之间出现了缝隙，而这缝隙迟迟没有复原。我继续前往排练场，没说自己出车祸的事。大家好像都没发现。但是皮肤和肉之间的缝隙始终没消失，我就在这种状况下继续排戏。我心想，继续带着这缝隙排戏，我会没有办法对人类和世界进行正确判断。于是我下定决心，再也不骑车了。

　　然后，我马上把那时候骑的雅马哈 SR500 卖掉了，一旦下定决心，我动作总是很快。

　　我的胃痛依然持续，也几乎每年都依照惯例到国外公演。不管我到国外的任何都市，几乎只是往来于饭店的房间与剧场之间。我很不喜欢跟陌生人见面，经常逃离宴会会场，或者早早退场，让大家扫兴。

1989年10月，在伦敦演出《近松心中物语》后回国的第二天，我终于吐血住院。我的十二指肠溃疡，还有胃溃疡破裂了。

借此机会，我戒了一天要抽上60支的烟。出院之后，我在日生剧场执导唐十郎的戏，也就是1973年樱社曾经演出的《导盲犬》。这是个仿佛有风呼啸而过的清冷舞台。我原本60公斤的体重，现在只剩49公斤。

我逐渐消磨、耗损。我发现我再也不敢肯定，自己眼睛里是不是凝聚了说不出自己心思的那一千双眼睛。我的舞台也逐渐承受不了虚幻观众手里所拿的千把利刃。千种眼神、千把利刃。我发自内心觉得，自己必须重生蜕变。

第二章　　　戏剧这种病

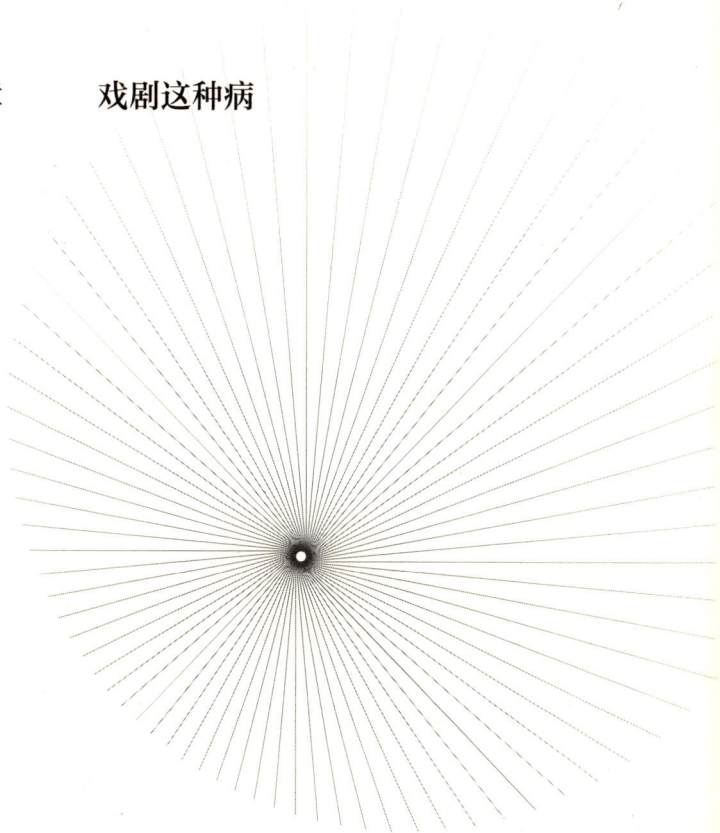

深夜对谈：何谓导演

○ 在您的节目单里向来没有所谓"导演意图"或者"导演的话"这类文字。通常不管看任何演出，买来的节目单上都会以某种形式写出导演在表演中的想法。

● 对，我不写。假如观众先看了这些导演意图，或者说明舞台精神的文章，然后再看表演，那么观众看过表演之后，可能会发现在舞台上一点也看不见文字里所写的内容，只有那些厚颜的文字还留在节目单上，而观众对这种现象感到厌烦的状况其实并不少见。我尝试导演工作以来，就不喜欢这种类型的欺瞒，所以向来抗拒在节目单上说明自己的导演意图。我认为，一切结果都在舞台上，这种想法让我不再担心观众是否能了解我的意图。很多时候导演的话如果不是对观众的启蒙，就是对成果不佳的表演进行辩解。现在有太多舞台表演必须看了节目单才了解，或者是看了也仍然不懂。

○ 那么，您觉得自己作品的意思没有正确传达出去也无所谓吗？

● 我不知道你所说的"正确传达"是什么意思。请你想想看，对观众来说，看戏的原因有很多，有一千个观众就有一千种动机、一千种人生。在表演中试图去传达讯息，也未免太沉重了。而观众希望如何了解这出作品，我也不能从旁指手画脚，那就像出言去干涉别人的人生一样。我不喜欢这样。不管是日常、生活，或者是人，都太沉重了。

○ 听说您向来拒绝戏剧杂志的采访，是真的吗？

● 没错。事实上我这8年来从没看过戏剧杂志，也拒绝受访。当我发现戏剧杂志的评论和批评根本无法与我工作的辛劳相提并论时，我对这些就不怎么感兴趣了。我跟戏剧界没什么往来，不过倒是欣然接受周刊或女性杂志的采访。你看看报章杂志的剧评应该就可以了解，里面充斥着业界特有的语汇，横行着似乎从未自我怀疑的自大傲慢言论。我觉得大家都应该回头当个认真生活的人，试着想想，看戏对于普通人来说，到底具备什么意义。总之，先从自己花钱买票看戏开始吧。

○ 对您来说导演是什么？

● 如果回答得了这个问题，我现在就不需要继续导戏了。

○ 但是有些导演还会出书解释导演工作的内涵。

● 那些人借由书写成功地把自己对象化。但是我并没有办法通过书写来发现自己。我深深觉得，自己是个只能在事物和人的关系中发现自我的人，但是这是资质问题，并非价值问题。大家往往会误解，觉得这是价值问题。

○ 那么，您觉得导演的职责是什么？

● 因情况而异。有时候必须是教育者，很遗憾，有时候也必须当演技指导的老师，都不一样。而且我觉得职责这两个字用得并不恰当。

○ 那么该怎么说才好呢？

● 我会先精读剧本。剧本是种文学。假如我从剧本中获得了感动，接着我会动念想把这个作品化为戏剧。这种感动到底是什么？从何而来？为了寻找答案，我把它重新编排为戏剧形式。因为我觉得戏剧形式最适合我的资质。排戏，就是寻找这份感动从何而来的过程。在公演的第一天，我才真正知道自己究竟因什么而感动。就我刚刚所说的这种意义，我觉得所谓导演，只不过是一个最先产生感动、跑在最前面的领跑者。我不知道其他导演如何，不过，我自己是这样的。

○ 有些导演会删除或增加作家写的台词，您呢？

● 我完全不这么做。我的人生只能透过戏剧这种别人书写的语言来谈论，而我的导演工作也必须放在这个框架中。如果再对作品进行剪贴，我的原则就会瓦解。只能靠其他人的语言来谈论自己人生这一点，其实演员也一样。不过，这种看似屈辱的构造，才最能激发我们的想象力。不管是索福克勒斯，或者是莎士比亚、南北①、近松，我都不想输给他们。如果没有绝对不想输的这份骨气，绝对干不了这种透过他人语言来谈论自己人生的工作。

○ 您曾经导过许多作家的作品，比方说莎士比亚、索福克勒斯、欧里庇得斯、布莱希特。日本的剧作家只有清水邦夫、唐十郎、秋元松代、三岛由纪夫、鹤屋南北。您只演特定作家的作品吗？

● 文体虚弱的作品从一开始就胜负已定了。啊，这是玩笑话。（笑）

○ 您导的作品总是让人感受到对沟通的强烈欲望，您认为呢？

● 没错。不管我导什么作品最后好像都有这个倾向。不过想想也很合理。我们总是在沟通上遇到障碍，所以才会如此强

_____

① 鹤屋南北，日本江户时代末期杰出的歌舞伎剧作家。

烈地渴望沟通。

　　○在您《蜷川麦克白》这出作品中，莎士比亚原作里完全没提到跟佛坛相关的字眼，过去也从没看过在佛坛里演出的麦克白。出场人物都是一副日本武士的装扮，可是，剧中角色的人名又跟原作一样，彼此称呼麦克白、邓肯。您觉得身为一个导演，这种手法能容许的界线在哪里？

　　●如果剧作家还在世，我当然会跟对方讨论，取得作家的同意。确实有人觉得在佛坛里上演的《蜷川麦克白》很扭曲。但是，演出古典戏剧时，无法跟作者商量。现在我们所感受到的《麦克白》，就是我心中的《麦克白》。究竟能够被允许到什么程度，我认为这不该有普遍共通的标准。如果说导演所打造出的框架，对作品、对观众而言都有说服力，我觉得那就是可行的。有没有说服力这一点谁都无法判断，不过我向来深信，在我身上有汇集着众人心思的千种眼神，所以我可以克服这种恐惧。汇集众人心思的千种眼神在我身上这种想法，总是让我深夜一个人因恐惧而颤抖，并且反省。这样解释，不知道是否能够获得一些宽待呢？

　　○您为什么会产生佛坛这个灵感，请说明一下这个设计的意图。

　　●当我们上演翻译剧的时候，会遇到几个问题。一个是修辞学的问题。外文中修辞学的成立方式和日文不同，这种戏剧语言到底能不能顺畅地传达给观众？这是我们首先要面对的问题。如果不了解希腊神话或者《圣经》，就很难了解内容。他们的修辞永远是面向天空。试着读读莎士比亚的任何作品，应该就能马上理解。在上演中的舞台流动的时间里，为了确保这种修辞的成立，我会在演员声音消失的几秒钟之间，补之以视觉效果，以转移观众的注意力，这是我和观众沟通的一种方法。不过，进行得相当微妙隐晦。

另外一个问题是只从外形上模仿外国人的空虚性。这里包含动作、化妆等所有眼睛看得到的东西。我每次看到日本演员戴金发，或者穿裤袜的样子，总觉得很难为情。看到这种装扮容易让我出戏，因此，我必须思考一个能解决这些问题的方案。比方说，在《蜷川麦克白》里我所提出的解决方法就是佛坛。

有一次，我打开老家佛坛的门上香。我发现自己一边合掌，一边回想着死去的父亲和哥哥，跟他们对话。那时候我心想，如果《麦克白》这出戏是在和我们的祖先或死者的对话中所出现的风貌或者幻想，那么这就成了我的故事。反复杀戮的武将，是我们祖先的身影，也可能是我们自己。说得更明确一点，在我心里唤醒了联合赤军士兵们的身影。我不打算在这里分析这出戏，不过基于这个开端，我脑中出现了佛坛的影像。接着，我开始思考各场戏如何运用佛坛来完成。在我戏里

的勃南森林，有盛开的樱花同时移动。你试着想象一下，佛坛的门打开，里面有整片盛开的樱花森林，那简直美得跟梦境一样。（笑）

○　您知不知道有人说您的戏是由极大和极小构成的，没有所谓的中间，不是夸张就是过剩。

●　我知道。我也觉得确实如此。我讨厌受压抑的舞台，那会让我想起文化界人士或受到良好教养的人。我觉得，对处于生活中的人来说，戏剧的目的就是帮助他们忘记现在。自从我告诉自己，我是个从事演艺工作的人之后，我就希望我的舞台能够成为一个磁场，讲述人们说不出的梦想。这时候，所谓演员只是交错着人们记忆的一个肉体。不过，这也是指我自己。别人想怎么样演戏，我没资格说，也没有理由去评论。

○　您刚刚说演员是交错着人们记忆的一个肉体，那么您有没有特别想跟哪一位演员一起工作呢？

●　经常有人问这个问题，我就趁这个机会告诉大家。只有愚蠢的导演才会回答这个问题。请你想想看，假如演员没听到自己名字，心里会怎么想？反过来说，如果你问一个演员想跟哪位导演一起工作，要是我没听到自己名字，我也会很受伤。当然啦，这也要视演员而定。所以我不回答这个问题。

○ 您上舞台排戏的时候，经常会在观众席间跑来跑去。一般的导演通常都坐在观众席中间安静地导戏。

● 最近我已经不像以前跑得那么厉害了，但是我这些举动是为了确保从观众席任何位置看来，场面调度都一样完美。如果坐在最旁边的位置看戏，却看不见演员的脸，甚至只能看到舞台两边的黑幕或等待出场的演员和工作人员，那对观众就太失礼了。

○ 说到这个，您的舞台总是被某些东西包围着，也就是呈现∏字形，开口部分朝向观众席。包括《近松心中物语》也是一样被建筑物所包围。这是为什么呢？《罗密欧与朱丽叶》的舞台同样是一座宛如古罗马竞技场的圆塔。

● 我很不喜欢舞台两边的黑幕。黑幕虽然方便，但是又给人很随便的感觉。不过，比起这个原因，更重要的是我希望能在舞台上掌握整体世界观，并将其封闭起来，因此我才选择这种舞台布景。我希望打造出一个一切都被舞台吞噬的戏剧世界。从路上的泥泞到天空，无一不包。但我也知道其实不太可能，总难免有些疏漏。该怎样才能够掌握这整个世界观、掌握所有的人，我心中这种欲望越来越强烈，而最后剩下的都只是越来越难掌握的状况。我所剩的时间不多，心里很焦急。下一次跟清水邦夫合作的戏，戏名就叫《最后一幕》。（笑）

不知道什么时候，有一篇《朝日月刊》的剧评中写道，蜷川的世界不知为何总是洋溢着悲观主义，确实如此。年老会让人怯懦，我必须认真面对这个问题。虽然没到三浦雅士的《愁绪的水脉》之中所写的程度，但这几年我觉得自己似乎罹患了忧郁症。不过，现在好像快摆脱这种状况了，我甚至觉得自己好像死过了一遍。当我在欧洲的晴朗夏日里巡演《美狄亚》时，不管在雅典、里米尼、罗马，或者土伦，我都感到浑身战栗。无论观众多么热情地鼓掌叫好，对我来说都好遥远。我心里很害怕。

再回到舞台道具的问题，为什么做出这种包围的形状，我好像没办法说明得很清楚。大概只能说，我不喜欢没被包围起来的感觉吧。谁能替我分析一下吗？有些朋友说，我这叫作老年自闭症。

○ 有人说过您有三种神器，群众、音乐和花朵，您觉得呢？

● 这么说好像也对。我不用群众这两个字，但是我的戏里确实经常出现大批的人。用"群众"来形容会觉得那只是一批群体，所以我不用这两个字。而且如果对演员使用群众这两个字，他们会觉得自己只是其中的一部分，而表现出近似自我放弃的演技。所以我绝对不会对演员用这两个字。对我来说，所谓主角，只是碰巧在大批人群当中受到瞩目，台词较多的人而已。

○ 那么这跟您起用明星不是产生矛盾了吗？

● 要把普通人从日常时间带进戏剧时间当中，必须替他们准备一种快捷方式。我经常提到所谓的"开幕三分钟决胜负"，就是因为知道要把人从日常时间里带到戏剧时间中有多困难，因为生活是如此沉重。有很多表演观众不管看多久都没有办法沉浸在戏剧当中，大家或许觉得我说的是技术问题，不过这其实是认知问题。这就是起用明星的原因。明星就是集结人类欲望的最大公约数所打造出来的形象。这么一来，可以让观众在开幕之前组织好自己的想法和欲望。为了让观众快速进入戏剧时间，再也没有比这更有利的条件了。

当然，我也跟默默无名的年轻演员合作。对一般人来说，这些演员是还未被意识到的一种没有分化的欲望。排戏的时候，面对不同演员我的排戏手法自然也有所不同。

至于音乐，我很喜欢，算是生活的一部分，读书和拟定导演计划时，真的不能缺少音乐相伴，否则什么也做不来。但是运用在戏剧里时，我认为音乐的作用是悄悄提示戏剧展开的节奏和方向。曾经有观众抱怨音乐太吵，又不是来听摇滚音乐会。这也没办法，这个世界上本来就充斥着噪音和音乐。

至于花朵嘛，该怎么说呢。如果一个一个解说，我似乎也变成那种既写评论也导戏的人，那些人我暗地里都叫他们假日导演。你就随便帮我想个意义吧，我又没念过东京大学。

○ 您是怎么学习做导演的呢？

● 我从来没学过。不过我很喜欢电影，电影应该算我的老

师吧。电影真的很有趣，现在我还经常看电影，反而很少看戏。实在看不习惯别人的戏。（笑）

○ 有一部叫《玻璃假面》的漫画，作者是美内铃惠。您看过吗？这部漫画以戏剧世界为题材，在戏剧人之间大受好评呢。

● 看过。曾经有一本杂志邀我跟美内女士对谈，但是看过漫画之后，觉得这根本就是《阿信》的故事，所以拒绝了。一个贫穷少女克服逆境逐渐成长，这种故事构造根本就是《阿信》啊。这样的故事要赋予它什么意义呢？听说还有人针对这个故事写了长篇评论，真是让我很惊讶。这个世界上就是有人喜欢给任何东西都加上意义，那些人难道没有生活要过吗？简直让我觉得可笑。

○ 跟您谈话，总觉得您对于写东西的人怀抱一股憎恶，您自己有这样的想法吗？

● 是吗？没这回事。我们当导演的要是没人写剧本也不行。我觉得我的工作算是第二级演艺。我只是讨厌那些从不怀疑自己的评论家而已。我不再说了。

○ 您开始导戏已经过了几年呢？

● 20 年。

○ 跟初期有没有什么不同？

● 我觉得自己渐渐没有才能了。另外呢，我发现在排练场即使身体不移动，也能够自由移动眼睛的位置。比方说，排练时我总是坐在固定的地方导戏，但就算身体不动，我也渐渐知道坐在观众席最前排的观众眼中舞台是什么样子、坐在二楼最后方俯瞰之下又是什么样子，实际到了现场，往往跟想象中几乎没有误差。我开始可以运用自己的身体掌握空间感觉。但是到了这个时候，视力也变差了。也就是说，当我觉得自己获得了什么的同时，也失去了一些东西。认识到这样的自己，其实还挺难受的。

○ 您现在的心情如何？

● 现在？你是说正在跟你说话的现在吗？我觉得自己太多话了。（笑）

○ 刚刚您说过，您觉得自己好像死过一次，能不能再仔细谈一谈这一点？听起来就好像浪漫派的亡魂。

● 我今天话说多了。

○ 您只是觉得自己死了？还是真的相信自己已死，现在的自己是重生后的自己？这当中有什么关联呢？

● 我也不懂，今天说太多了。

○ 今天听您说了很多，您是不是很少这样畅谈关于导戏的事？

● 也不会，只是把平常说的话拿出来重复而已。

○ 今天让我更清楚您的导演理论了。

● 啊，对不起。我可没说什么导演理论啊。所谓的深夜对谈，跟白天对谈不一样，就像在黑暗里的动物一样，只有警戒心和妄想会越来越庞大。我被一种自己很孤单的被害妄想所控制。请别相信刚刚那些话。我今天话说多了，能不能请回了？

1987 年 12 月 1 日

深夜于蜷川家

破碎的镜子

有人说过，剧场是一面映照世界的镜子，不过我们的镜子早已裂得粉碎，映照在大小碎片当中的，永远只是世界的一小部分。就算收集起所有破碎的镜片，总还是有找不到的碎片。我们再也无法从这面镜子中看到整体。

我试图拿起一块大碎片，变换各种角度来反映这个世界。但是这面镜子已经腐蚀，连原本蔚蓝的天空都变色了。拿起小的碎片照照自己的脸，只看得到一只眼睛。

在日生剧场导的《暴风雨》这出戏，就是我拼命聚集的碎裂镜片。这些都不重要。但是我记得有个剧评家写道，蜷川最好休养一两年去充电。谁要去充电啊，我又不是剃须刀。

不知道是几年前，当我在排唐十郎《下谷万年町物语》这出戏时，有个少年来找我。我要那个陌生少年稍等我一下，我得继续排戏。那场表演不但演出人数多，机关也不少，排起来相当费劲，我完全忘了那少年还在等我。终于到了休息时间，筋疲力尽的我趴在剧场大厅的地毯上休息，突然有人大叫一声。我惊醒后，只看见那陌生少年跑开的背影瞬间消失在电梯中。周围的人也都一阵哑然。没人知道那个少年到底在说什么，不过唯一可以确定的是，他走的时候气到全身发抖。当时我心想，啊！那孩子应该在等我，不过他应该也了解我在什么样的状况下工作吧，现在可没那个闲工夫理他。

隔天早上 9 点，我家电话响了。我一接起，原来是那少年打来的。少年对我说，我现在在蜷川先生家附近，就算只有 1 分钟也好，请您跟我见一面。我嘴里嘟囔着，今天可是首演日呢，不过还是走出了家门，看到那少年躲在电线杆后面。他对我说，昨天真对不起，但我如果没有那么做，绝对不会引起蜷川先生的注意。不好意思，请您读一读这剧本。说着，他把一个装了稿子的口袋交给我，便跑开了。几天后，我读了他的剧本。这剧本中清新丰富的细节让我相当感动。于是我写了信给他，请他务必要写剧本。那少年名叫宇野勇。最后他把戏写好了，拿来送给我。他写的戏非常有趣，我希望有一天自己能够导这出戏。我很难捉摸自己对这出戏的感动到底从何而来。我也让其他几位朋友看了，大家都说不怎么样。但是我深信他写的戏相当出色。在那之后，他大概已经陆续送来五部剧本了吧。我决定今年 5 月在自己剧团的公演中演出其中一部：《彩虹细菌》。我也请清水邦夫看了他的剧本。清水说，不错，这人很有天分，于是在公演用的传单上写了下面这篇文章。

你会听到以往未被歌唱的曲子，以往未被弹奏的音乐。啊，过去任何时代都没被唱出的歌曲，现在在此诞生……

这是我以前写过的台词，读完这个作品后，我心里产生了同样的感动。

一首崭新、未知的歌曲出现了。谜样的苍白人类，从这首歌的旋律中安静降临。他们宛如灵魂迸发，释放于夜空中的大群苍白飞蛾。

或许，这些人才是今天、明天，名正言顺的主客来宾。

清水邦夫

这篇文章可以看出清水为人的善良宽厚，不过我也带着几乎一样的想法在导《彩虹细菌》这出戏。这名出生于1964年、当时23岁，高中只念一年就辍学的少年，到底同辈的剧场演员能够将他的戏剧语言肉体化到什么程度？负责舞台装置的是大阪艺大的中越司，那年他22岁。和这些远比我年轻的青年们一起工作，激起了我强烈的紧张和斗争心。对我来说，自己唯一可依靠的，就是我因这出戏而感动。这代表我只需要去探讨作品中超越世代的普遍性就行了。

演员们开心地准备角色甄选的排练。在我的剧团里，每次都通过甄选来决定角色。每个人必须从挑选自己想合作的演员，说服对方合作开始。优秀的演员会同时接到好几个人的邀请，拙劣的演员则迟迟等不到。虽然残酷，但我认为演员也该了解现实的一面。这种只有演员参加、以选角为目的的排练会持续一段时间。接着我会挑个日子去看他们的表演，观察他们凭借自己的力量如何解读戏剧世界的表现，然后从中挑选自己认为特别优秀的人。但所谓优秀指的是什么？我很怕这种自问自答。因为我也是被甄选的人之一。演员和导演的关系，不，或许该说我和演员的关系吧，这种关系绝对不是稳定的，当中永远存在一种紧绷的气氛，宛如野兽一般，随时在观察对方是不是比自己优秀。

我的冒险从《暴风雨》持续到《彩虹细菌》。破碎的镜子或许永远无法恢复原本的样子，但是，只要认识到镜子已经碎裂，我这场冒险的旅行，应该不至于跌落冰山裂隙中。万一掉落，只要再挣扎爬起就行了。什么？你说有可能会送命？那也没办法，到时候只好用 7 月演出的清水邦夫新作《最后一幕》，来结束这一切了。

1987 年

强风将息

忘了是几天前的事，结束《暴风雨》的排练回到家后，电话响了。接起电话，原来是《戏剧人》（*Theatreux*）杂志的野村乔先生。野村先生告诉我，蜷川先生，您获选为该杂志戏剧奖的得奖人，请问您愿意接受吗？

我听了哑然无语，不知该如何回答。在那短短几秒之间，我心里想着这些事。

戏剧奖？不妙，还是拒绝吧，不过这又好像太做作了，我向来讨厌戏剧界和剧评家，最近才被井上光晴先生逼着在杂志《边境》上写了剧评家的语言配不上我的舞台，而且这五六年来，我都没读过《戏剧人》和《新剧》。糟糕，戏剧界的标准规格竟然认同了我，不！难道这表示我的戏也开始符合这些标准规格了吗？不过我看过朝仓摄先生得奖时拿的铜像，佐藤忠良先生制作的铜像还挺不错，不如收下吧，但又觉得有点麻烦，而且也挺难为情的，不行不行，要是沉默太久，对方会以为我在犹豫，这样对野村先生太失礼了，该怎么办呢。啊，好的，我愿意接受，真不好意思，请代我向各位评审委员致意。

挂断电话后，我心想，不对，刚刚忘了问是哪一部作品得奖啊。那时家里没有其他人在，我好像一个人坐在椅子上，喃喃碎念着，我怎么得了戏剧奖呢。

从两三年前开始就有一阵风吹过我的舞台，从《浊流》《三姊妹》到《冬末探戈》。摇动的窗帘、摇动的晾晒衣物、摇动的人群。那是一阵沉郁的风，不管在意大利、希腊、法国或英国，都不断吹在我身体当中。所有掌声和喝彩都离我好远，只有那种让身体颤抖的异样感觉，不断从身体内部涌出。回到日本这种感觉依然不变。我自己开始觉得有些危险。这种不管对人、对风景都感到极端异样的体会，一直到最近才渐渐远离。看来，那阵强风似乎快要平息了。

我并不觉得我的工作配得任何奖，但是我发自内心感谢一路支持我的许多工作人员，还有许多演员的炽热友情。同时我也由衷感谢那些当我遭受劣评时，依然愿意走进剧场的观众们。

1988 年

一切都在舞台上：与朝日剧评抗争记

（关于《朝日新闻》"展"氏剧评和"蜷川新闻"的发行）

○ 冒昧请教，蜷川先生今年贵庚?

● 52 岁，怎么了?

○ 剧作家清水邦夫先生笑着说，蜷川先生还真有活力。

● 什么意思?

○ 6 月 7 日《朝日新闻》的晚报上，有一篇关于蜷川先生在螺旋大厅（Spiral Hall）演出的《哈姆雷特》剧评。蜷川对那篇署名为"展"的剧评大发雷霆，制作了一份"蜷川新闻"贴在剧场大厅。听说来到剧场的观众为了一睹以马克笔写在海报背后的那篇"蜷川新闻"，挤得人山人海。我想清水先生应该是因为您一看到劣评感到愤怒就立即采取行动，才觉得您精力充沛吧。

● 你是说这件事啊。报纸上对于《哈姆雷特》的剧评，否定方法都非常相似，让我几乎怀疑他们是不是事前讨论过。不过老实说，就算我的戏获得劣评或者被否定，我虽然不高兴也不至于那么生气。

○ 那您为什么要大费周章写这篇"蜷川新闻"来反驳呢？为什么您只对《朝日新闻》的剧评反应特别大呢？

● 看到那篇剧评我觉得对方非常卑鄙。我忍不住想，这个人有没有怀疑过现在的自己？有没有对写剧评的自己感到恐惧过？对了，之前电视上也出现过中日的星野教练对裁判的判定感到恼火而冲出板凳区，扑向裁判的画面。我就像他一样，冲出了板凳区。

○ 怎么突然举棒球当例子呢？是不是能够再讲得详细一点。星野教练向裁判表示异议，我想应该也意识到选手正在看他，那么蜷川先生也意识到演员的眼光了吗？

● 跟我一起工作的演员都信任我的导演计划，所以我有义务要保护他们。我的导演工作不可能没有意识到演员。我们虽然不是职业棒球队，但我们是职业的戏剧人。你也看《朝日新闻》的剧评那种东西吗？

　○是的，其实我看过了，但是内容记得不太清楚，真抱歉。

　●我不喜欢这种不专业的工作方法。但是算了，这里有份复印件，你读读看吧。

　○不好意思。

　●"蜷川的作品总被人赞叹是深具独创性的舞台创作，不过，在东京青山螺旋大厅看过的《哈姆雷特》，老实说，让我既失望又疲倦。

　"其中最大原因来自台词念法。扮演哈姆雷特的渡边谦，说起话来像连珠炮一样快，有一半内容我几乎听不到，剩下的一半右耳进左耳出，根本没有打动我的心。

　"这出《哈姆雷特》中，蜷川用七层女儿节陈列台当作丹麦王宫的宫廷。而国王克劳狄斯（夏八木勋）和王妃乔特鲁德（二宫小夜子）则是台上象征天皇皇后的那一对人偶。这是种令人玩味的创意，而除了国王和家臣做日本中世纪宫廷打扮之外，还交杂着其他不知道是现代或是时代不详的服装。

　"听说蜷川让演员自由挑选他们所说的语言，可以自由选用坪内逍遥译本带有古风的说法，也可以是小田岛雄志译本中较现代的表现。这确实也是种有趣的实验，但演员们的台词各走各的，实在无法判断这两种译法是不是真能毫无隔阂地共存在戏中。

　"二宫小夜子、夏八木勋、荻野目庆子，还有饰演亡魂的麦草平等人的台词都非常明了易懂，另外饰演霍拉旭的松重丰也还算可以。与其说是演员的责任，不如说是导演的问题。

"当哈姆雷特倒下时，象征新时代出场的挪威王子福丁布拉斯和他的军队，穿着令人联想到旧日本陆军的军服，并且拿着破烂不堪的黑旗出现。蜷川或许是想借此象征破坏和暴力的胜利，但是，在看完舞台上层出不穷的暴力（不只是戏剧内容上哈姆雷特和国王等许多出场人物的死亡，也包含莎士比亚台词的暴力性破坏）之后，看到这些军服和黑旗嘲笑般站在舞台上的身影，只令人觉得万般无奈。（展）"

○ 原来如此，所以看完这篇剧评后，就像刚才所说，蜷川先生觉得对方很卑鄙，于是写了"蜷川新闻"？

● 对。我觉得这个人也未免太自以为是了，这篇文章跟我在工作上的辛苦根本无法相提并论。《每日新闻》上的剧评也很类似，我只是挑选《朝日新闻》来作为报纸上戏剧报道的代表。该如何反驳这篇署名为"展"的文章，我考虑了很多，最后我制作了只能发行一份的墙报式"蜷川新闻"，展示在剧场大厅。相对于《朝日新闻》的 800 万份发行量，我只能发行一份。而且还是以我个人名义负责的报纸，我想这应该不会给其他人添麻烦。再说，这种有些滑稽的感觉，也很像演艺界的人会有的风格吧。

○ 确实，八百万份对一份的报纸战争，听起来挺有趣的。

● 戏剧这种媒体，只能在上演剧场这一地方看得见。它不像电视、电影这种影像媒体，或者报章杂志这种印刷媒体，可以同时让几百万、几千万，或者是几十万人看到、读到。只能在上演剧场看到的戏剧，用报纸来比喻，就好比只发行一份的报纸一样。作为演艺工作者的我，之所以在提出反驳的时候也坚持只发行一份，就是因为考虑到我们工作的本质。

○ 您这么说我渐渐懂了。您是希望一个具有八百万份发行量媒体的相关工作人员，也能承担相等的责任、具有相等的恐惧心，不该太自以为是，是吗？

● 对。

○ 那么您的"蜷川新闻"内容写的是什么呢？

● 您没看就来采访我了吗？

○ 不，我看过了。但是为了那些没去过剧场的人，我想还是请蜷川先生您亲自解释一下内容比较好。

● 真的吗？算了，没关系，我就念给你听吧。

"蜷川新闻，第一版，1988年6月14日。看到《朝日新闻》上署名为'展'的剧评（？）大放厥词，我觉得很有趣。大刺刺安坐在'名为朝日的电车'上，自称为'展'的宫下展夫，根本不了解戏剧的概念。提到对《哈姆雷特》的印象，他表示自己听不见台词。废话。一个无心要听、无心想看的人，怎么可能感受到任何东西？

"这个男人能听得懂彼得·布鲁克（Peter Brook）的戏和外国戏剧的语言，看来是个外文专家，难道他得了一听到日文就变重听的病吗？照理来说，戏剧这种东西不管观众带着什么印象回去，创作人都不该有意见。不过在我看来，这个男人打着剧评的名号，在文章里排除了自己可能漏看了什么、漏听了什么、戏剧概念可能超越了自己体验等与自己有关的因素，企图将这种文字刊载在《朝日新闻》上，使其社会化。既然是经过社会化的东西，当然应该予以反击，因此我发行了这份'新闻'。我将它命名为'蜷川新闻'。宫下展夫先生，人生中有你听得见的语言，也有听不见的语言。你听不到的，就是我的世界。

"请您无须'失望'，也别再写那些观戏心得，请成为一个真正的普通观众，自己买票来看戏吧。我想你的人生一定会有所改变，你也将会知道武断的可怕。——导演界的隧道二人组或内田裕也"

○ 如何，现在冷静下来重读一次自己的文章，有什么感觉？

● 文笔差，论点也不够连贯。但是可以充分感觉到我当时瞬间的愤怒和不悦。不过，我不是个决定靠书写文字与这个世界建立关联的人。所以跟宫下先生这种借由书写来证明自己存

在的人站在同一个擂台上，真的让我觉得非常难为情。我这个
人向来连节目单上都不以文字来说明导演意图。我认为一切都
在舞台上，或者说都包含在舞台里。所以我才展开了我的导演
生涯，也一路承受各种剧评。但是一个坏掉的屏幕不可能反映
出正常的画面，我很想把这句话送给许多跑戏剧线的记者。我
认为几乎天天得进剧场看戏的工作很辛苦。一天当中可能白天
到东宝、晚上跑松竹，接连看两出戏，这种工作绝不轻松。但
就算对他们来说这只是每个月几十出戏当中的一出，对我来讲，
可是花了好几个月的时间才终于打造完成，寄托了现在所有意
念的作品。

○ 不过，您的作品上演后也会经过社会化，不管别人怎么
说、怎么写，您也无可奈何，不是吗？

● 你这么说确实没有错。但是，一个过着普通生活的一般
观众，必须克服许多日常问题才终于能进入剧场，例如这个月
要看哪部戏、自己看戏的时候老公小孩吃饭问题怎么办等。所
以对观众来说，看戏那天永远是个格外不同的日子。你不觉得
这种选择相当沉重吗？一个在拥有八百万读者的报纸上写剧评
的记者，你不觉得他也有义务用这八百万人的心思来检讨自己
吗？现在有太多剧评人因为自己出入戏剧界，不知不觉中误以为
自己握有特权。能认识到看戏对一般人来说是个特别的日子，并
且带着这种新鲜的心情来到剧场的记者，可以说寥寥可数。

我自己被批评一点也无所谓。记得有一次我坐在电车上偷看隔壁男人的晚报，"蜷川幸雄失败作品"这个标题映入我的眼帘，让我突然很难为情。那篇剧评也写得很过分，但我并没有多说什么。

○ 对了，很多记者都认为，您是因为被誉为"世界的蜷川"后，正觉春风得意之际遭受这些劣评，才会这么生气。

● 你这个人怎么能面不改色地说出这么毒辣的话？我最难为情的就是被人如此看待，这在周刊《文春》的彩页上也写啦，就是那张我坐在"蜷川新闻"前大笑的照片，那可是我使尽全力的表演呢。你想想看伯格曼或彼得·布鲁克会做这种事吗？我觉得自己只是一个从事导演职业的演艺工作者而已。

○ 那么，身为一个演艺工作者，蜷川先生觉得外国记者的剧评和日本记者的剧评有什么不一样？

● 去年我在伦敦的英国国家剧院还有东京的帝国剧场都上演了《蜷川麦克白》这出莎士比亚作品。我可以念两篇当时的剧评给你比较看看。不过我话先说在前头，这跟我受到夸奖觉得高兴，或者遭到贬抑觉得不甘等一点关系也没有。重要的是在看我表演时记者带有多少的情感，以及他们理解的深度。那么先请你听听看日本的例子，这是《朝日新闻》的剧评。

"9月在伦敦的国家剧院上演，大获好评的《蜷川麦克白》，目前正在东京丸之内帝国剧场演出。这是日本国内自昭和五十五年（1980）以来首次重演，由导演蜷川幸雄以他最擅长的手法，将莎士比亚的原作加上日式调味所料理出来的磅礴大作。

"其中最值得注意的就是妹尾河童所打造的舞台布景。宛如巨大佛坛的装置，填满帝国剧场的整个大型镜框舞台。随着剧情的推展，两位站在舞台两端、跟观众一起守护着舞台的老妪，拉开这长达 10 米的佛坛门扉，象征着悲剧的开始。

"这个围绕着镜框舞台的佛坛通常是敞开的，不过偶尔也会透过装在门内侧格子的拉门，让观众窥见里面发生的惨剧。观众和舞台之间的时空关系，借由门扉和格子拉门产生了三阶段不同的变化。舞台道具不只是单纯的背景，同时也与剧情的推进有密切的关系，这一点值得给予高度评价。

"蜷川充分活用了这个装置，大胆强调粗犷的结构。演员们都做古装扮相。在麦克白（津嘉山正种）和好友班柯（濑下和久）遇见女巫（岚德三郎等），听到"麦克白会成为国王"之预言的前导部分，隔着格子门展现了妖异奇幻的风景。充满野心的麦克白夫人（栗原小卷）以情爱为饵，诱惑着犹豫该不该杀害国王的丈夫这一幕，舞台则向观众席祖露，描写出现实的赤裸。

"相对于架构的粗犷，蜷川偶尔会陷入心理描写不够完整的习惯。对于女巫的细节描写尽管细致，但是连接架构和微妙细节之间出场人物的个性，似乎还不够丰富，也因此令人不免觉得剧情的推进有些太过顺理成章。

"自从伦敦公演平干二朗因病休演之后，扮演麦克白的津嘉山，创造了一个俊美又刚直的麦克白形象。他和平干二郎的风格虽不同，不过结合了坚强和脆弱的表现令人欣赏。相对之下，栗原饰演的麦克白夫人，似乎还可以期待更优雅的风格。描写这对夫妇每次为非作歹之前的心理拉锯时，如果能更强调一个觊觎大位的人物具备的高尚气质，或许能够更真实地描写出麦克白因沉溺于欲望而毁灭的悲剧。（M）"

○ 原来如此。这个 M 的署名是指宫下展夫吗？

● 不是。这是另一位姓松叶的记者，他之前专门写建筑的评论，最近也开始写戏剧评论。

○ 啊，这实在令人很难接受。这就好比一片仙贝突然有天宣称"从今天开始我就是可丽饼"一样嘛。

● 你在说什么？好，那接下来，你看看这篇在《卫报》上署名为迈克·比林顿的剧评。

"在我目前为止频繁观戏的人生中，第一次看到像蜷川幸雄目前在利特尔顿剧场上演的《蜷川麦克白》这般沉痛又如此美丽的戏剧。他打造的这出戏与其说是"恶的解剖"，更像是首描述被煽动野心的荒芜和毁灭的哀歌。舞台上自始至终都弥漫着古罗马诗人维吉尔曾描述的"最后我将面对一切毁灭而垂泪"这种感觉。

　　"我们眼前的这出戏，以现在重新讲述过去传说的形式展开，两名老妪往左右拉开代替帘幕的墙壁。她们坐在舞台两端，身边放着保温瓶，守护着故事的发展。有时候她们会伸长了脖子想看得更清楚，当她们看到失了分寸的麦克白竟愚蠢到杀害麦克德夫妻儿时，她们则痛哭到呼天抢地。两名老妪是感叹人类空虚欲望的无言歌队，同时也是注释者。蜷川的作品与英国上演的莎士比亚悲剧最令人惊叹的差异，在于其中压倒性的抒情。故事背景设定在16世纪的日本。当时战国武将之间的斗争已经达到消耗的极限，臣服于邓肯的武士们在他面前一字排开，似乎展现着重新诞生的秩序和团结。

　　"观众大多时候都透过半透明的格子幕观看舞台。控制场景的形象，有血色太阳、王座使用的金色盔甲，还有最著名的盛开的樱花和随风飘散的花瓣。这些都是虚无和美丽的象征。除此之外，蜷川还运用了时而收敛、时而奔放，极端悲哀的背景音乐。

　　"英国观众已经习惯带有强烈黑暗地狱气息的《麦克白》，不过蜷川的舞台却充满色彩和光影。但是他并非纯然展现一幅优美的图像。他站在世间权力无常的观点剖析这出戏。盔甲王座设于舞台后方高台，作为佛坛的中心点，仿佛在嘲笑那些追求空虚王位的人。它也将麦克白解释为一个从高处陨落的英雄。一开始，麦克白跨坐在一匹已在征战中筋疲力尽的白马出场，这是个勇敢骑士的完美形象。而到了最后，他面对十几个敌人依然能够潇洒地一一击退对方。麦克白不是我们过往习惯看到的疯狂的精神病人，而是一个被追求权力的野心腐蚀的伟大男人。

"不过，如果要从中挑选一位演技足以跨过语言障碍的演员，我想应该是栗原小卷所饰演的麦克白夫人。年轻美丽、拥有一头乌亮黑发的麦克白夫人，含义明晰地爱抚着丈夫的刀柄，在她身上，性和控制同为一体。但最令人感动的是在她凋零时展现的演技。暗杀班柯之前跟麦克白那场短暂的对手戏，她坐在那里，空虚地望着自己映照在圆镜中的苍白脸孔。那姿态痛切地倾诉着她必须拥有一张伪装的脸，以及她的眼睛正是灵魂之窗。而在那场梦游病的场景中，观众面前不断看到她病态苍白的双手为了寻求光芒往天上高举。她仿佛希望，假如这血迹不能用水洗净，那么只好恳求神来消除这些痕迹。

"然而这舞台的伟大之处，在于它将人类的疯狂和懊悔自己愚昧的想法，与世间的美感相结合。麦克白夫人从丈夫手中拿走沾满鲜血的短刀时，清晨的小鸟开始啼叫。勃南森林变成樱花盛开的森林，逼近邓锡南。当麦克白堕入绝望深渊时，宛如火球般的太阳瞬间燃烧殆尽，变为灰色。

"这个舞台并非单纯在道德上论罪，它同时给我们一种诗般的冥想，仿佛所有人的作为和努力都涵盖在这物换星移之下。当马尔康在最后一幕演说结束之前，老妪们合上窗帘时，我也突然领悟，原来和永恒相比，他的德政也只不过是转瞬的光辉。"

○ 原来如此，两篇剧评比较之下，不仅可以看出其中知性的差异，甚至还能感受到作者为人的差别呢。

● 问题不在于他们称赞我或者贬低我，我只希望他们能真正了解我的舞台。

○ 蜷川先生，今天真是谢谢您。

● 哪里。我才要谢谢您，访谈很累吧？蜷川幸雄先生。

1988 年

走进非日常空间的艰难和乐趣

○ 如果有人问您，您所创造的空间是什么，您会怎么回答？

● 这问题很难。每当我完成一项创作，马上会对自己创造的空间感到厌烦。当然，我所说的是戏剧空间。在我的想法中，所谓戏剧空间指的是包含剧场整体，也就是涵盖观众席在内的整个剧场建筑。当我思考自己的导演计划时，总是会想，观众会经由什么样的路径来到剧场？我也非常在意观众会在哪里第一次看到这座剧场。实际上我会亲身去试走几种不同的观众入场路径。

○ 您能说得具体一点吗？

● 就以日生剧场为例吧。观众可能从有乐町站来，也可能从丸之内线地铁，还有包含千代田线在内靠近皇居那边的地铁，也可能搭出租车等汽车来到剧场，大概有这四种情况。在日生剧场的入口，你可以看到好几面标示着上演剧目、极具异国风情的旗帜在上方迎风飘扬。观众看着这幅景象推开剧场大门，然后爬上剧场阶梯，终于进入剧场大厅。我觉得这种路径确实经过一番巧思设计，这就是一条从日常到非日常的通道，在这当中有旗帜、有铺了红地毯的多层弯曲阶梯，非常精彩。我想观众进入观众席后应该会环顾四周，欣赏以精致瓷砖拼贴成的高迪风格的墙壁及天花板，准备让自己投身于这个有些装模作样的非日常环境中。除了日生剧场之外，不管在哪个剧场，我都会先从观众所看所感来出发，进而创造自己的空间。这就是我创作的第一步。

○ 那么您的导演计划接下来会如何发展下去呢？

● 我希望自己能够永保惊奇。简单地说，我希望自己能发自内心地觉得"这东西我从来没看过！"，但是这种惊奇不能和剧本内容完全无关，所以我脑中的形象和剧本之间必须进行好几次来回磨合。

○ 是不是能请您说得再具体一些？

● 我觉得自己的工作就是将文学重新创造为戏剧。在这当中，我会运用到一些假东西。

○ 假东西？

● 对。你可以想象一个总是试图以拼接的仿造品去超越现实的荒谬丑角。有一次演出，其实就是《蜷川麦克白》首演的时候，我请状况剧场的大久保鹰来演守门人。不知道是第几天排练，他嘴里叼着一条生秋刀鱼出场。真正的秋刀鱼给人的印象相当强烈，在那之前细致堆砌起来的空间，都因为这只鲜血淋漓的秋刀鱼，瞬间变成一种虚假的空间。但是，当我们到日生剧场的舞台上排练后，在这个跟正式演出运用相同布景道具和灯光的空间中，大久保鹰嘴里叼着秋刀鱼出场却一点也没有震撼力。可能是因为观众席太大，所以根本看不清楚他嘴里叼着什么。也就是说，一只真的秋刀鱼在某种空间里也可能完全没有意义。从这一点看来，我觉得小空间确实比较容易营造。在小空间中，生的秋刀鱼可以发挥它该有的震撼力。

○ 包含您现在正在进行的工作在内，下次您想创造出什么样的剧场空间？

● 我目前手上的工作是试图把田纳西·威廉斯（Tennessee Williams）的《欲望号街车》（*A Streetcar Named Desire*）这出现代剧搬到日本来，并且改名为《欲望电车》，我脑中展现的是市营电车越过隅田川，进入老街的形象。时代大概是从大正时期到昭和初期左右吧，并没有特别限定。剧场选在帝国剧场，那是个很糟的剧场。我很不喜欢那里大而不当的观众席，现在正在苦恼该如何创造出新的空间。当初建造这座剧场的建筑师显然完全没有想邀请观众进入非日常空间的想法，所以如果戏剧空间不够强烈，就无法让观众超越日常、忘却日常。

《欲望号街车》的舞台设定在新奥尔良。众所周知，这里是18世纪时由法国人和西班牙人所打造的城市，跟其他美国都市不同，气氛相当独特。我该怎么把这个城市移植到日本来呢？我们找过各种建筑物。最后决定采用大正时期的三层木造公寓。不过这栋公寓必须有点老旧才行。我觉得大可抽象设定为过往年代中某一个虚构老街。音乐方面，不使用迪克西兰爵士，而是以黑色电影的风格来运用现代爵士，这样或许可以呈现出当下眼光所观察到的多层次过去。到目前为止，我看过了涩谷樱丘一栋古老三层楼公寓、根岸的公寓，还有本乡东大后巷的某栋公寓。我走遍东京，试图寻找现实中符合我脑中印象的建筑物。不过樱丘的公寓已经被拆毁，根岸的公寓又被重漆成白色，最后我决定将许多不同的三层楼公寓各撷取一部分组成一个公寓，请舞台设计师重新描绘。设计师交出的成果相当出色，但过了几天之后，我又觉得这跟以前我导过的《浊流》那出戏有点相似，因此又开始思考其他方法。

在那之后，我大约持续三天每天只睡三四个小时，跟我平常决定最后导演计划时的状况一样。这时候，脑中平常不会运用到的末端毛细血管就会开始活跃运动。不过这只是我自己的感觉罢了。此时的我跟平常运用到的感性不同，变得有点古怪，我会放弃思考、重读剧本，并且画画。到第三天左右，想法就会渐渐成形。对了！可以让这个故事发生在蝴蝶标本箱里。现代戏剧就像在解剖世界和人类，将之细分之后再用大头针固定，既然如此，那么我可以在一个旧蝴蝶标本箱里打造三层楼的破旧公寓，后方还有崩塌的高塔和空中的飞行船以及巨大的月亮，这些都用大头针固定。透过蝴蝶标本可以看到旧公寓，透过旧公寓，背后是崩塌的高塔和巨大的月亮，而伫立在那里的主角，看起来一定像只翅膀残破的蝴蝶吧。所有舞台装置都强调其模型的特征，再将某些部分做得富有超现实主义风格。如此打造出来的空间，应该可以成为观众的磁场。没错，记忆的磁场。在这种情况之下，连自己也没察觉到的潜在意念，我把它称之为记忆。观众进入剧场，看到的不是平常的舞台幕布，而是嵌在镜框舞台当中的巨大蝴蝶标本箱。观众一定想象不到，在那后面会隐约透视出充满幻想气息的热闹街道吧。好，就这么办。

我就像这样运用眼睛所见、耳朵所听，以形形色色的方法来打造这虚假的空间，企图组织起人们的记忆。不过，为什么我创造的空间总是包围成箱体或半圆形，这一点我自己也不懂。对我来说这就像是一种生理需求。有人说过，上了年纪的自闭症患者最想安定居住的地方，往往是个封闭的箱子，或许这种说法真有几分道理。

现在我深切地体会到，我们不可能用一个作品来掌握世界或者人类。把我在一年之中导过的所有作品汇集起来，才终于算是一个作品。我越来越这么认为。也就是说，单一作品只不过是个片段。

○ 原来如此，今天非常谢谢您。

● 哪里，在这种自问自答的过程中，我也渐渐搞不清楚自己说的是真话还是假话呢。嘻嘻嘻。

1988 年

《1991·等待》的集体创作法

○ 听说 THE YOUNG NINAGAWA COMPANY 的《1991·等待》公演，观众席上几乎没看到剧评家的身影。

● 是的，我几乎没发邀请函。我不喜欢被那种程度的语言批评。我在书店翻看戏剧杂志时，看到那当中的文字，让我觉得我们的作品太可怜了。那些文章都匹配不上我们的努力。其实匹配不上也无所谓，但我还是希望他们别来，因为我把整个空间的五分之四都用作舞台，观众席剩下五分之一的空间。如果优先选择自己想做的事就会变成这样，根本是赔本演出。所以我也变得比较小气了。

○ 据说《1991·等待》是一种集体创作，具体来说，它是如何创作出来的呢？

● 是的。首先我会向演员和年轻导演们建议，一起创作跟"等待"有关的练习剧。这是我们时隔 3 年的公演，站在导演的立场，我希望能尽量让多一点演员出场，同时我也觉得借由小故事的集合和反复，或许能够更多地掌握到当下的世况。从纽约公演回来后，也就是11月初开始，演员们就马上分头去寻找跟自己搭配的演员以及作品，开始排练。12月初我们举行了第一次发表会，所有人一起观看其他人的创作，然后我从中判断哪些比较优秀，并且讲评各个作品的优劣，解释作品、演技和导演手法。

○ 这种过程只进行一次吗？

● 不，我们总共举办了4次发表会。不合格的演员和团队必须寻找下一个作品，继续排练和发表。我想他们整个12月几乎都没怎么睡吧。在这期间，我跟宇野勇见面，请他替我写5到10分钟的短剧。我只告诉他主题是"等待"，其他都让他自由发挥。宇野勇在极短的时间内写了好几出很不错的剧本。他的作品里交错着温柔和现实感，相当出色。我会观察演员们现在的状况，然后把剧本交给他们去演绎。

○ 过程中有人被淘汰吗？

● 当然有。有被淘汰的演员，也有自己的练习剧被否定后就再也不来的演员，你所想象得到的反应都有。但是跌倒也好，失败要趁早。有趣的是，有些以往在我的戏里没有演过好角色，或者没什么好成果的演员，这次都表现得非常好，让我获得很多惊喜和新的刺激。我觉得非常有收获。

○ 大约到什么时候您才觉得作品够好，可以公演呢？

● 大概是 12 月 27 日吧。我在这天做出最后决定。当然也决定了有些演员无法参与演出，对他们来说这个年底应该留下了很不好的回忆吧。

○ 您刚刚提到年轻导演，您跟他们是怎么共事的？

● 对，在我的剧团里有高山直也（25 岁）和井上尊晶（21 岁）这两位导演。具体来说，高山直也导过宫本辉先生的《五千次的生死》，井上尊晶则导了开幕之后大槻贤二的诗。

我用开幕来说明吧。我是这样创造这出戏的：先打开外面的门，演员们走进来，他们背向观众而坐，完全不动弹。接着打开电视机画面，画面里映出的是电视游戏。电视画面播放的顺序由高山来负责，接着开始播放吉卜赛国王合唱团的《加州旅馆》。一群年轻人静静看着电视画面的背影，是从以前我就一直很想表现的画面。我跟清水邦夫说过，希望他有一天能替我写一出这样的戏，不过后来因故无法演出。这时候从二楼包厢观众席突然响起砂轮机的声音，一阵猛烈的火星洒下，但年轻人们动也不动。接着有个骑着自行车的男人开始跑起来，然后一个背着波坦斯基风格霓虹灯饰板的男人站起来开始读诗。这部分则是井上的导演手法。赞美歌以及音乐的选择也是由井上负责。我在这当中加入一个对着复印机边哭边影印自己面部的男人。这大概就是我们合作导戏的方式。

反复经历这种排练过程，负责舞台装置的中越司和负责照明的原田保，会慢慢地确定垃圾摆放的具体位置、灯具吊挂位置，还得买来很多台灯放在剧场里观察效果等。这个过程相当于大约 10 天的舞台排练，虽然奢侈，工作过程却非常愉快。

1991 年

总有一天要还以颜色

○ 最近有没有让您生气的事？

● 有有有。我向来觉得自己是从事演艺工作的人，而在演艺这个范畴里，现在还有许多自称是戏剧评论家的家伙，没有任何根据就自以为是地奋笔疾书或高谈阔论。比方说在某本杂志的座谈会，我看到一篇这些家伙谈论"世界的剧场"的内容，我真想问问他们知不知道羞耻两个字怎么写。

○ 评论家谈论剧场有什么不对呢？

● 我不喜欢。如果我是评论家就不说这些话。所谓"剧场"，是由一直在现场奋斗的演艺工作者，还有买了戏票进场的观众所构成的。评论家在这当中一点功能都没有，所以他们绝不能自以为是地谈论剧场这个修罗地狱。这是最低限度的原则。在我看来那简直像一群不知耻的男人在列队游行。真让我想冲上前去揍他们一顿。一想到我的戏要被这些人评头论足，就觉得可惜。

○ 好了好了，不要因为剧评家对你的戏有不好的评论，就这么意气用事嘛。

● 不只是剧评家，有些学者也很过分。伦敦有一座重现莎士比亚时代剧场的环球剧场，我从 1991 年就任这座剧场的艺术总监之一，当消息传回日本时，还有一位日本莎士比亚学者写信去伦敦抗议为什么选了蜷川，让英国人大笑不已。我那时觉得真难堪。我怎么会在一个这么糟糕的国家工作。不过这些人或许比电视综艺节目的记者还好一些吧。

○ 为什么您会突然提到记者呢？

● 那些像苍蝇一样的记者，或许觉得自己是站在一般市民的角度来揭露演艺工作者的脱轨现象，但他们没有发现到自己只是在迎合观众。其实我大可眼不见为净，反正那些家伙就是如此愚蠢，但是我无法允许他们对于自己这些正在扼杀演艺的行为完全无感无知。从事演艺工作的不是一般市民。正因为他们有超出常规的行为，才会投身演艺工作啊。

○ 如果会葬送在愚蠢的记者手中，看来也不是什么了不起的演艺工作者嘛。

● 你这么说也没错。如果败给那些自称戏剧评论家或者电视记者的言论，显然也没什么了不起的功夫。不过一想到报章杂志和电视这些威力惊人的媒体，被那些愚蠢家伙把持，我就觉得很不甘。啊，总有一天，我还是想对他们还以颜色。

1991 年

媒体的猎巫：
请辞 NHK 红白歌唱大赛的理由

我请辞了"第 37 届 NHK 红白歌唱大赛"的特别评审委员一职。

原因是我自己个人对于排除微小异物，伪装成无菌室般的"红白"，感到难为情。这确实是羞耻心的问题。

这次事件源于两年前，北岛三郎先生在帮派的新年聚会上唱歌，结果 NHK 要求他辞退演出，最后北岛先生也正式请辞，让这次事件落幕。这一连串经过只让我觉得厌烦。

"红白"说穿了只不过是个年底的综艺节目，为什么必须扮演道德上的神呢？简直像借用舆论这种眼睛看不见的东西来进行道德管理一样。表现得宛如动用私刑的 NHK 当事人，不就是那握有正义和伦理的神吗？我们什么时候开始把道德标准交给你们决定的？你们从什么时候开始成为引领、控制舆论的管理者了？这又不是高中棒球，简直像猎巫行动一样。我不希望这种处理方式被大家视为常态。电视台不该是法院。

　　演艺就是这样逐渐被均质化、渐渐走向毁灭。演艺扎根在泥泞世界中，那是一个混合了善与恶的混沌境界。正因为许多演艺工作者带着深陷其中、无法自拔的宿命，才能反过来展现许多人的梦想。

　　这次的"NHK 红白歌唱大赛"试图假借大众或观众名义，令管理和规制的强化成为一种常态，这一点我实在无法接受。参与此次"红白歌唱大赛"激起了我强烈的羞耻心。基于上述理由，我辞去此次特别评审工作。

1986 年 12 月 31 日

戏剧与我

演艺工作者的一体感

1992 年，忠实复原莎士比亚剧场的环球剧场在伦敦开幕，去年爱丁堡艺术节上演《暴风雨》的最后一天我接到环球剧场的委托，希望我担任剧场的艺术总监。最近我刚把资料签完名寄回伦敦。说老实话，我觉得很高兴，也打从心里感谢协助我工作的演员和工作人员。

不过在日本却有些居心叵测的学者。环球剧场的英国朋友告诉我，有日本学者特地寄信到环球剧场质问他们："为什么要请蜷川这种人来？"我听了非常惊讶，当然这位英国朋友也无奈地笑了。但我总觉得很难为情。说到这里，我想起喜志哲雄这位京都大学的教授，他也曾经在某本杂志上表达了对我的戏剧情感上的否定，这种人竟然自称是英文学者，实在让人笑掉大牙。这些自以为聪明伶俐的笨蛋，只能给他们一记当头棒喝。真庆幸我当初没去上大学。

排戏的时候我真的很开心。所有演艺工作者融为一体，让排练场升温，赤裸裸的灵魂在此跃动。排练从下午1点开始，但是松坂庆子和冈本健一中午就开始先行排练，大家都很期待到排练场来。我觉得《唐版　泷之白系》的排练场是最能表现每个演员出色特点的空间。当大家都积极地想往前进，一定会形成催生优异表现的磁场。我相信一定是这样的。

松坂庆子小姐是位相当优秀的女演员。我确信她是近年少有的杰出舞台演员。这次戏中既温柔又强韧，忽喜忽悲的角色，松坂小姐诠释得非常到位。情人节时松坂小姐给所有男性同胞都送了巧克力，刚刚还满脸眼泪鼻水在排戏的松坂小姐，转眼就像个搞错季节的圣诞老人一样给大家发着巧克力。可别告诉我这只是人情巧克力。我们喜爱松坂小姐，是因为折服于她精彩的演技。而松坂小姐也极看重我们这群伙伴。我们从事演艺工作的人，尽管会以严格的眼光来评判彼此，但通过考验之后就能拥有一体感。愚蠢的学者啊，这个地方不属于你们。

《云雀卡门》的梦想

忘记是几年前了，我曾经请美空云雀小姐演唱秋元松代写的剧本《元禄港歌》的主题曲。秋元女士上一部作品《近松心中物语》的主题曲请来森进一先生演唱，博得极大好评，我其实有点担心，在这些评论之后美空云雀小姐愿不愿意接受委托，不过，她很爽快地答应了。

录音那天，她带着年轻的助理前来。我们原本以为会有更大的阵仗，因此都感到很意外。她和作曲家猪俣公章先生开完会后马上开始试唱。到了第三次试唱，美空小姐说可以正式开始了。她还对混音师说："正式唱的时候我会加入一点哭腔，你要小心录啊。"录音正式开始。她唱得非常精彩，那些微小的啜泣声完美点缀了这首歌。唱完之后美空小姐说："好久没这样哭着唱歌了。"还用手帕擦了擦眼泪。我们在一旁都看傻了眼。

在那之后又过了几年。一天，从20多岁开始就跟我还有清水邦夫玩在一起的一位损友打来了电话，我们三人久别重逢。当时在电视台工作的那位朋友说："不如我们三个人一起来做些什么吧。"我们谈起青春时期三人曾经竞相追求的女性时，他突然说：

"要不要在三得利厅演《卡门》？"

他提议道：

"清水写戏，蜷川来导，我来当制作人。"

青春时期的这群损友仿佛又重新聚首。至于要请谁来演《卡门》，大家纷纷有不同的意见。那时我说："除了美空云雀小姐之外不作第二人想。"在三得利厅由美空云雀小姐演的《卡门》，我认为这绝对是能跨越国界的出色作品。我们的讨论一发不可收。我还大放厥词说，彼得·布鲁克的《卡门》根本算不了什么。

美空小姐也应允参演。清水邦夫会加入原作者梅里美（Merimee）这个角色，他觉得宇野重吉很适合这个角色。我们开始陆续跟演员交涉。大家都对这个秘密企划感到惊讶，也答应帮忙。清水还特地到西班牙去做过调查。我深信，在东京创作的这出《卡门》，总有一天会走上百老汇舞台。我们的《卡门》将故事背景换成日本。我满脑子都是为美空云雀小姐而赞叹的纽约观众，而美空云雀小姐也满心期待这一天的来临。

但是后来这个计划因为美空云雀小姐身体状况不佳而叫停。原本计划在今年2月开始《卡门》的公演。每当我想象云雀小姐这出梦幻的《卡门》，就觉得必定会有一阵暴风雨般的亢奋席卷观众席，这更让我忍不住要祈祷美空云雀小姐能早日恢复健康。

令人赞叹的喜剧人

有好几位演员，我都希望能更早认识他们，与他们共事。

都蝶蝶小姐是其中一位，我莫名地受蝶蝶小姐吸引。我曾经在过去今井正导的《喜剧·日本的老婆婆》这部电影中，为蝶蝶小姐的演技而感动。当然，我也非常佩服起用蝶蝶小姐的今井导演，蝶蝶小姐在那部电影中从容自然地表演出一般人的灵魂。我认为从事喜剧表演的人最厉害的地方，就在于他们能把实际生活中的屈辱、悲哀或者喜乐，化为自己的养分或题材，在起伏跌宕的演艺生活中，他们牺牲自己，将观众玩弄于股掌之间。这绝不是自恃为知识分子的新剧演员所能比得上的。如果要扮演普通人，也就是民众，我认为没有人能比得过喜剧出身的演员。

我一直很希望能请蝶蝶小姐来演一出精彩的戏，比方说布莱希特的《大胆妈妈和她的孩子们》。我想届时我一定会兴奋忐忑地等待开幕。真想亲眼一睹她的风采。

森繁久弥先生也是我欣赏的演员之一。曾经有一次，我到后台问候森繁先生，森繁先生对我说："我真想演《底层》(The Lower Depths)①。"

"森繁先生演的鲁卡②一定很精彩。"

听我这么说，森繁先生回答：

"我想演的是沙金③啊。"

我吓了一跳，还没来得及反应，森繁先生继续说道：

"你可要挑好演员，那些新剧演员一个也别用。"

后来这个想法真的付诸实践，但也不知道是彼此档期问题，还是某些我不知道的原因，最后不了了之。直到现在我还觉得非常遗憾。我心想，森繁先生演的契诃夫一定很棒。我真想看看40

---

① 苏联作家高尔基的作品。
② 《底层》中安慰底层不幸人们的游方僧。
③ 《底层》中的流浪汉。

多岁的森繁先生来演《万尼亚舅舅》或《樱桃园》里的罗伯兴。

　　演喜剧的人得暴露在大众的视线当中，受到普通人轻重两种不同观点的检视，以建构起自己演艺的核心。而表演者也会逐渐成长、通晓人生。

　　当我和喜剧人一起工作时，总是非常紧张，担心自己的导戏手法能不能承受这些走过大风大浪演员的锐利目光。要克服这种恐惧，也唯有不断拼命学习。

《蜷川麦克白》和两位少年

　　我在静冈市护国神社院内排演莎士比亚的《麦克白》。后方是一片广袤森林，神社位于山脚下，在森林的环抱当中。白天这里有温暖的日光照射，到了晚上，我们会加上灯光，跟正式表演时一样继续排练。虽然已经4月，不过一入夜依然冷极了。偶尔院内的樱花会随风吹散，飞过舞台。那一瞬间的美几乎让人屏息。

　　1980年首次演出时，并没有获得太好的评价。在佛坛中上演的《蜷川麦克白》，我自己觉得是挺不错的杰作，但不管剧评或者观众的反应都不怎么理想，老实说，这种不被理解的感觉，令我有些失望。

　　某一天，我到池袋看了塔可夫斯基的电影《镜子》（*The Mirror*，1975），看完之后觉得很沮丧，呆呆走在车站旁。这时有两个青年，或者该说是少年吧，总之两个年轻人上前向我打了招呼："您是蜷川先生吗？"我回答："是啊。"结果那两个年轻人对我说："蜷川先生，我们看过您的《蜷川麦克白》，真是精彩的杰作。虽然报纸杂志上都没写什么正面评价，年度五出佳作当中也没人挑选这出作品，但是这绝对是今年最好的作品。请您不要失望。我们两个经常说，早知道应该更早开始看蜷川先生的作品。"当时的我就好像是考大学受挫的少年受到大人的鼓励一样。这两人是东京大学的学生，还在念大一。我们聊了聊塔可夫斯基的电影还有戏剧的话题后便分手了。我在心里告诉自己说："既然还有人能了解我，我大可更有自信一些。"我带着这样的想法搭上了西武池袋线，心想，《蜷川麦克白》这出不幸的作品，似乎变得稍微幸福了一些，打从心里觉得高兴。

后来《蜷川麦克白》也在爱丁堡艺术节和伦敦的国家剧院上演，大获好评。原本不幸的作品，现在已经是非常幸福的作品了。这次在静冈上演的《麦克白》将以户外演出的方式重新打造，不再使用佛坛。但每当演出《麦克白》时，我就会想起曾经在池袋人行道上鼓励我的那两个少年，并且由衷感谢，真的非常谢谢你们。

导演的孤独：仰望饭店的天花板

我最近越发觉得，导演真是种孤独的工作。比方说在静冈野外剧场演出的《麦克白》，连续熬了好几天夜，在极恶劣的条件下工作，终于等到首演日，没想到却遇雨停演。隔天才好不容易能够上演。到首演日之前的心酸当然不只发生在静冈，在伦敦也一样。总之，好不容易结束了首演日的表演。演员彻底运用肢体后的亢奋热度让身体升温，大家干掉慰劳的啤酒后会上街继续小酌庆祝。至于我呢，我总是一个人回饭店。因为我觉得工作人员们一定心想，首演日不可能做到尽善尽美，要是跟我去喝酒，一定又要听我点评，败了酒兴，所以我向来不跟他们一起去。

"那你一个人在饭店都做些什么呢？"

清水邦夫问。

"嗯，我躺在饭店床上盯着雪白的天花板，回想起决定这次公演的那天直到首演舞台结束、沉浸在观众掌声当中的种种，还有导演计划的改变、在我心里突然涌现又渐渐消失的恐惧和自负，以及人类的温柔和丑恶等。"

"最近演出结束后我也不再和演员们一起喝酒了。"

清水邦夫说。

"是吗。"

我回道。我接着说，一个人仔细检讨这出戏到底是成功还是失败，越来越觉得自己真是孤单。就连一通电话都没人打来呢。不过这也不是什么稀奇事，大概是导演的宿命吧。

清水邦夫说，最近的年轻人真不懂得体谅老人家。我说，不过就算他们开口邀请，我也不会去。演员和工作人员向来都不会在导演面前表现真正的自我。在那种场合我反而不忍心。《麦克白》里有这么一句台词，还记得吗？

"我的人生成了枯黄落叶，随风飘散，但现在怎么着？年老之后随之而来的荣誉、敬爱、服从、好友等，竟然一个都盼不到。身边只有低沉却深刻的诅咒、空口无心的恭维附和。尽管想屏除这些东西，但我脆弱的心却办不到。"

你今天怎么这么消沉？不过这种心情我也不是不懂啦。清水邦夫说道。我眼皮底下浮现起饭店的白色天花板。就像一块污渍一样，渐渐在我心里扩散。

被戏剧病魔持续侵袭

晚上十点半，我刚削完铅笔，打算写下这篇稿子时，电话铃声响了。是中根公夫制作人打来的。他说柏林国家歌剧院邀请我去执导 1991 年 3 月由西诺波利（Sinopoli）指挥的歌剧，问我该怎么回答。

"1991 年我们在国外还有其他计划吗？"

我问。中根制作人回答，我们接下来计划在伦敦跟瓦妮莎·雷德格瑞夫（Vanessa Redgrave）一起演出清水邦夫的《冬末探戈》。几月呢？我又问。预计在 10 月左右，他回答。

其实这天下午我才刚跟中根制作人聊到，"我觉得我们的工作就像在战场最前线奋战一样"。真的，简直像电影《野战排》（*Platoon*，1986）一样。

"不过，年轻世代很难了解我们的艰苦奋斗吧。"

我这么说。

"不只是年轻世代，上一辈也一样。能真正了解包含制作在内的创作活动到底有多辛苦的人，真的屈指可数。"

"也对。"

下午分手前我们才刚说完这些话。

我想起当初跟石桥莲司、蟹江敬三，还有真山知子等人一起创立现代人剧场时的事。1968 年我离开青俳剧团，创立了自己的剧团。那时莲司、蟹江和真山也都才 20 出头，我们不管喝咖啡还是喝酒，谈的都是戏。我从一个拙劣的演员改行当导演，他们似乎没有一个人对此感到不安。或许我们都得了戏剧这种病吧。

解散现代人剧场创立樱社这个集团时也一样。我们都是被时代病魔深深侵蚀的患者。直到现在，每当莲司出现在电视里，我一定会打开电视，蟹江拍了电影，我就会坐进电影院的座椅里欣赏。我想，唯有并肩奋战、闯过某个时代，或者共同在戏剧这个战场上杀出一条血路的人，才能了解这种友情。

现在我已经上了年纪，当导演也过了 22 年，但还是继续地被戏剧这种病魔侵蚀。而这种病恶化的速度渐渐加快，一路奔驰倒数，直到终点。不过大家总笑着说："蜷川先生才不会有终点，等大家都死了，你还是会继续做戏吧。"

为了遇见新的自己

前天我刚好有个机会跟作家远藤周作先生见面，我问他：

"松坂庆子告诉我，你说'蜷川太能花钱了，不能把《树座》的导演位子交给他'。"

听了之后远藤说：

"没有没有，没这回事，为什么大家要这样诬陷我呢？"

接着他又补了一句：

"好吧，为了明年蜷川导的戏，我得先多存点钱。"

我想起已故的文艺评论家山本健吉先生。山本先生总说我的戏是"燃烧生命的戏"，不畏戏剧界一片批判声为我辩护。我的戏在国外获得好评，也只有山本健吉先生、三浦朱门先生，还有远藤周作先生等戏剧界以外的人真正由衷地替我高兴。我自己认为跟戏剧界缘分已尽，自是当然。不过，对于看了我们的戏之后，宛如少女般开心地在国立剧场大厅奔跑的钢琴家内田光子小姐，还有第一次希腊公演时在雅典山上的利卡维特斯剧场看过戏后，静静地在杂志上写了篇文章的村上春树先生，我都发自内心感谢他们。还有小野洋子也是，她打从心底替我们成功在纽约公演感到高兴。

其实我并不是想夸耀这些人称赞过我的作品。我只是想感谢他们发自内心喜爱我的戏，让我不知从中获得多少力量。身处于戏剧界中却否定这个业界，我很清楚自己的矛盾。不过戏剧记者、戏剧学者、剧评家的存在，仿佛在业界内玩着抢地盘的游戏，只让我觉得不耐烦。再说，我认为自己早已脱离了战场。他们所写的文章里，有哪一句足以和我的戏剧相抗衡？

今年秋天，我们即将在比利时的安特卫普和伦敦演出秋元松代的《近松心中物语》。和过去带到英国和希腊的国外公演剧目不同，《近松心中物语》并不是广为外国人熟知的作品。这是一出以现代眼光重新改编日本古典作品的作品，演员阵容也是全新的面貌。故事中殉情的两组男女，我挑选了与剧中人物实际年纪相近的年轻演员。我们的冒险即将进入第二回合。我依旧在自负和不安中狂热地投入排练，期待能遇见新的自己。而我也确信，只要抱着希望，一定能遇见新的自己。我希望自己能如此确信。

1989 年

年轻工作人员给我的磨炼

我觉得导演这份工作有 80% 都花在跟演员和工作人员的沟通上。

有些知名的舞台设计师在一个月排练期间只会到排练场露

脸 10 分钟左右,更别说看总彩排了,也有些演员一发现旁人没有持续把注意力放在他身上就会不开心。而当我询问这种演员身体状况如何,对方一定会回答"不太好"。我不禁要想,一个人只能靠别人的体贴来确认自我,这种性格实在很不幸。

不过话说回来,我自己也经常被别人称作"老年自闭症""人格分裂"或者"双重人格""瞬沸热水器"等,没什么好听的话。"丢烟灰缸导演"的标签,现在已经算是我的正字标记。有位到我家来采访的女记者,看到我亲自端了咖啡给她,竟然吓到让咖啡杯抖得咯哒咯哒响,最后还掉到地上。原来她看到印象中一向可怕的我竟然笑着端咖啡给她,一惊之下,心中的恐惧和不安让她陷入恐慌,不由得摔了杯子。那只咖啡杯是我小女儿父亲节时送我的,现在给摔个粉碎。10 岁的女儿生气地说,我爸爸才没有可怕到让你摔碎杯子。

最近我身边的工作人员都是些年轻面孔。灯光师原田保、舞台装置的中越司,还有音响的井上正弘,以戏剧业界的规划团队来说,很少有如此年轻的阵容。但是他们的崭新感性和热情也给我的工作带来年轻的活力。虽然很少人认同,不过我自己觉得,跟优秀的年轻人一起工作,也让我逐渐吸收到新的动力。

最让我觉得干扰又烦躁的,就是业界内的评价,还有老人为了自我正当化做出的评价。在这里任何沟通努力都没有用。因为他们自己从来没有怀疑过那些已经定型的评价标准。

两三天前,《唐版 泷之白系》结束最后一场演出,我在这个过程中认识许多新面孔，在所有人的努力沟通之下，实现了一场相当愉快的公演。唐十郎、松坂庆子、冈本健一，还有壤晴彦，大家都很以这场公演为傲，临别前我们也都希望将来有机会再度共事。而这个下次，不知道是什么时候呢。

1989 年

《冬末探戈》：戏剧的文化交流

我们去年 8 月到 10 月在伦敦西区的皮卡迪利剧院
（Piccadilly Theatre）演出了清水邦夫所写的《冬末探戈》。原本
计划要在日本演出英国演员的版本，后来计划告终。原因是总
预算一亿五千万日元中有一半预计找赞助商支付，不过后来并
没有成功找到赞助商。

要我自己来说，这件事其实很难为情，不过日本的现代戏
剧能在伦敦公演市场上，由英国演员以翻译剧的形式上演，这
可是前所未有的创举。而这出公演还将反输回日本，那么这出
作品同原本由日本人演出的《冬末探戈》之间到底有什么不
同？这些差异又从何而来？我们企图把"现在"进行相对呈现
的尝试，最后没能传递给日本观众，就此无疾而终。

我们的前辈们以西欧戏剧为规范，企图打造出新日本戏剧，
而我们的戏剧正起源于对这种努力的共鸣和批判。我很肯定，
真正支持、鼓励我们的并不是日本的剧评家，而是特地买票来

看戏的日本观众，还有国外的剧评家。

《冬末探戈》当然也处于这样的潮流当中。我们将 45 岁的演员清村盛放在这出戏的中心，因为我想要向全世界提出这样一个疑问：当削除那些关于异国风情的误解之后，如今属于我们的普遍性究竟是什么？过去我们演了许多翻译剧，但是这次轮到英国人要翻译日本的现代剧来上演，他们即将要扮演日本人。读过英译剧本的英国演员，坦率地告诉我这个剧本和英国剧本的差异，还有他们心中的感动。我们办了好几次甄选，最后挑选了艾伦·里克曼（Alan Rickman）来饰演主角清村盛。

在伦敦的排练已经开始，经过英国演员的逻辑分析，这出戏被拆解得支离破碎。每天的排练都刺激无比，我必须完美回答他们的提问。我们排练、分析剧本，然后再回头排练。在这个过程中，逐渐加深了对彼此的信赖。

在这里有许多跟日本不同的习惯。比方说 BBC 还来拍摄了一出名为《冬末探戈》的电视纪录片。制作人告诉演员，如果排练中自己觉得不想入镜，有权拒绝拍摄。

一个演技发挥不太顺利的女演员真的提出要求，希望摄影团队别拍摄这场戏。这里有许多日本戏剧现场绝不可能发生的状况。所有大小事都必须基于对每个个体的了解而开始。每当我们发现不同，便开始通过讨论寻求共识。而友情也从中渐渐萌生。

英国演员追求写实的态度相当彻底。比方说戏中要吃鸡肉的演员，每天排练都会真的吃鸡肉；一个在戏中跌倒的女演员，每天也会扎实地摔；艾伦·里克曼勒住跟他演对手戏女演员的脖子时，她的脸瞬间发紫，脚也出现微微痉挛。当然，这些都是演技。日本新剧的演技，到头来都只不过是现实主义这个空有名称的形式罢了，在这里我深切地感受到这一点。

于是，我们的《冬末探戈》成为一出东西方相遇的崭新戏剧，至少我是这么相信的。

跟他们一起工作的日子，可以写下无数篇小故事。戏剧的现场就像人们的生活和世界一样，是由许多微小但猛烈的具体现象累积而成。我真真切切地感受到，国与国的文化交流必须建立在共同创造、共同学习之上。

当我告诉英国演员日本公演无法实现时，他们立刻写了一封信给我。上面写着这样一句话："蜷川，你还好吗？千万别对这个世界失望。能跟你一起工作，我们都觉得无比骄傲。"

1992 年

畅行世界的戏剧

我的宴会服装

关于燕尾服。1987 年，伦敦捎来一封信，说我们入围了该
年奥利弗奖的导演奖，上面写着希望我能着燕尾服出席颁奖典
礼和宴会。那年在英国国家剧院演出的《美狄亚》还有《蜷川
麦克白》评价都很不错，还有人盛赞这是传奇性的成功，我也
因此入围了奥利弗奖。

当然，我衣柜里并没有燕尾服，所以特地到西武百货公司
买了一套，赶赴伦敦。奥利弗奖的颁奖典礼就好比电影界的奥
斯卡颁奖典礼，是场热闹的盛会。

不过最后得奖的不是我，是某位英国导演。在那之后是一
场聚集了好几千人的盛大宴会，在这场充满燕尾服和礼服的英
国仪式洪水当中，我就像个刚从乡下来到东京的高中生第一

次参加宴会一样紧张。我数度伸出右手确认自己的领结有没有歪掉。

　　坐在我隔壁的是同样入围导演奖、来自德国的彼得·施泰因。这位彼得·施泰因导演相当厉害。过去我看过他导的《培尔·金特》(*Peer Gynt*)这出戏的舞台照片，发现他把当时我也想导的《培尔·金特》精彩地可视化，而且呈现得比我更好，让我决定放弃自己的导演计划。

　　这位才气纵横的彼得·施泰因竟然没穿燕尾服来赴会，身上只穿着黑衬衫和黑西装，就像从排练场直接赶过来一样，而他这一身打扮看起来简直帅气极了。

　　我很后悔自己竟然穿了燕尾服。这么一来我看上去就像个乡巴佬，这样一定很土气吧？而两相对照之下，彼得·施泰因那一身率性打扮，就像不经意地表明自己的态度："这种奖和宴会我才没放在眼里呢。"我看他的上衣应该也是故意弄皱的吧？彼得·施泰因笑着对我说："我真想看看蜷川导的《培尔·金特》呢。"可恶！

　　在那之后，我再也不穿燕尾服了。到国外公演就像在晋级赛中奋战的格斗选手一样，一旦失败，就再也不会有人找你参赛。我有幸现在还能留下来继续参战，最近也学会了该怎么穿有点皱的西装。跨越国境从东亚僻境远道而来的人，得永远是个奋战的斗士才行。

贪恋少年时的国家

"蜷川，为什么日本年轻人的戏看起来那么幼稚？为什么那些少年少女在舞台上一会儿跳，一会儿像小孩一样讲话，那种演技根本像个拒绝长大的孩子。我们不敢相信，那些年轻女性观众为什么笑得出来。不管舞台上或者是观众席，好像都充满了不想长大的年轻人。但是在我们的国家，这种不想长大的年轻人可是必须接受精神病治疗的对象呢。"

不管是纽约或伦敦的记者，到日本来看过年轻人演的戏，都一定会对我提出这些问题。

去年我在伦敦导了清水邦夫的《冬末探戈》，排练时主角艾伦·里克曼始终很好奇："这出戏的主角清村盛才45岁，为什么他正当盛年就要退休呢？这一点伦敦的观众能理解吗？"

艾伦又继续说：

"蜷川啊，在我们英国，45岁这个年纪正有机会能拿到许多好角色，是非常值得高兴的事。比方说哈姆雷特，大概也是从这个年纪才能演，还有奥赛罗、伊阿古、李尔王和理查，根本说也说不完。你应该可以了解大家都迫不及待变成熟的心情吧？"其他演员听了以后也异口同声地说："对啊对啊。"还有人说："长大是件愉快的事，为什么要害怕呢？"

我对他们说："可能跟这出戏没有直接关系，但是在日本，'宛如少年'这样的形容带有很正面的意义。这代表一个人还像少年一样单纯。"英国的演员们非常惊讶:"什么?在英国这代表一个人非常愚蠢啊!"

我们放声大笑,同时也开始思考自己的文化风土。思考日本的文化,也思考英国的文化。

这时候,我脑中浮现起身边那些唯有独白部分表现得格外出色的年轻演员。最近的年轻演员独白真的非常优异,可是遇到吵架的戏就不行了。激烈大吵,或者激烈扭打,这些场景他们都糟糕得惊人。有强烈的沟通欲望,人才会有激烈的争吵,但是对于这些青年来说,他们对许多事的愿望都渐渐淡薄,一切都被简单地独白化了。

伦敦的年轻演员则完全不同。说到吵架的场景、激烈对立的场景、暴力的场景,这些戏他们远比日本演员优秀。在日本得请武术指导帮忙的戏,他们自己就能在转瞬间充满杀气,完美演绎。现在我确信,一个希望自己永远是少年的国家,总有一天,会被以成熟为傲的国家轻看。

年轻导演才气纵横的英国

预计于平成九年(1997)开馆的第二国立剧场艺术总监到底会由谁担任,许多报纸杂志都大幅报道,一时间成为热点话题。音乐和舞蹈类艺术总监已经确定,只有戏剧还迟迟未定。

我想起这一年夏天,在伦敦跟莎士比亚环球剧场艺术总监阿德里安·诺布尔（Adrian Noble）见面一事。

曾经在季节剧场（Saison Theatre）导过《第十二夜》（*Twelfth Night*）的阿德里安·诺布尔对我说："我今年41岁。"皇家莎士比亚剧团在伦敦的根据地巴比肯艺术中心（Barbican Centre）即将在今年12月上演我们的《暴风雨》，这次见面就是为了开会商讨公演事宜。皇家莎士比亚剧团的地位等同于我们的国立剧场。而这个剧场的艺术总监年仅41岁，还算是青年，是略显稚嫩的导演。

我对英国这个为年轻的感性和行动力提供空间的国家相当感动。阿德里安带我去看了一个小剧场，在那里有位27岁的女导演正在排练，迎接即将到来的首演。她身穿牛仔裤，利落地做出指示，那身影跟日本小剧场的年轻导演一样，悠然自在而美丽。接着，我一边参观拥有众多工作人员和演员的剧场，心里不觉涌起一股忧郁。对了，我记得皇家莎士比亚剧团还曾经请来27岁的特雷沃·纳恩（Trevor Nunn）担任艺术总监。

我深切地感觉到，大家都认为英国是个保守阶级制度依然稳固的国家，不过在文化上它却比日本更加开放，体会到这一点的同时，也让我觉得很沮丧。

我实在无法想象我们的国家会赋予年轻人一个庞大而需要负起责任的空间，再让他们自由使用充裕文化预算的光景。

在红三剧场执导了精彩的《海上夫人》（*The Lady from the Sea*）的大卫·勒沃（David Leveaux），现在皇家莎士比亚剧团导《罗密欧与朱丽叶》，他也才 35 岁。

到底是哪里不一样呢？他们是历经一番斗争之后才获得这样的机会吗？或者走在前面的世代认为，为年轻人提供机会本是理所当然？还是说这已经是一种确立的信念呢？

在这个国家里，一群老人演戏靠麦克风、用耳机提词，而且竟成了司空见惯的景象，还大言不惭地将之称为戏剧。有时候，我会因为自己在这样的国家做戏，感到莫名的羞耻。

伦敦的演员甄选

我最近在日本也越来越常通过甄选来决定角色。不过如果问平干二朗先生、山崎努先生这种等级的演员愿不愿意来参加甄选，他们当然不可能来。

可是在伦敦戏剧界并没有这种规矩，许多厉害的演员都踊跃参加甄选。现在正在西区参与演出的主角，也可能在进剧场前来参加甄选。

去年 8 月到 10 月，我在伦敦西区的皮卡迪利剧院上演了清水邦夫的《冬末探戈》。这出戏直接把日本的创作剧本翻成英文，由英国演员来演。英文剧名叫 Tango at the End of Winter。

那时候我们同样通过甄选来决定英国的演员阵容。英方制作人特尔玛·霍尔特女士对我说："伦敦有很多好演员，我会把大家都叫来参加甄选，你可以慢慢挑选自己中意的演员。"

电影《虎胆龙威》(*Die Hard*, 1988)、《侠盗王子罗宾汉》(*Robin Hood*, 1991)中饰演知性反派而闻名的艾伦·里克曼;在《看得见风景的房间》(*A Room with a View*, 1985)中扮演牧师,在《上帝的宠儿》(*Amadeus*, 1984)[①]中扮演莫扎特,又在《伤心咖啡馆之歌》(*The Ballad of the Sad Cafe*, 1991)中挑起导演大梁的西蒙·卡洛(Simon Callow);在《莫里斯》(*Maurice*, 1987)中扮演社会底层的同性恋青年,也参与过《遮蔽的天空》(*The Sheltering Sky*, 1990)[②]的鲁珀特·格雷夫斯(Rupert Graves);还有《淹死老公》(*Drowning by Numbers*, 1988)里的朱丽叶·斯蒂文森(Juliet Stevenson)。除此之外还有许多电影及戏剧爱好者一定听过名字的知名演员,都来参加了甄选。

英语圈的明星市场比日本明星的市场大,因此说起话来的格局也不同。比方说后来我挑选为主角的艾伦·里克曼,他因为想跟我一起工作,所以辞退了跟麦当娜一起演戏的机会。甄选那天,他穿着破烂长皮外套和牛仔裤现身,害羞地说,我很想跟蜷川一起工作。

英国演员的个性都相当鲜明。或者说他们都很努力想表现

---

① 原文如此,此中疑似有误。西蒙·卡洛在《上帝的宠儿》中扮演的角色是伊曼纽尔·席卡内德。——编注

② 原文如此,此中疑似有误。鲁珀特·格雷夫斯参演的是 *The Sheltering Desert*。——编注

出自己不同于他人之处。几乎每个人都看过所有我在英国演过的戏，还会分析清水的剧本、提出问题。

其中有个演员很有趣，这位上了年纪的演员随身带着一只我们看不见的狗。在甄选期间他还不时会跟狗说话，脸上充满魅力的微笑，告诉我看来这只狗好像很喜欢蜷川，我起身时他还特别提醒，小心别踩到狗的脚。甄选结束后，他带着狗一起离开。制作人说，他是位永远把隐形小狗带在身边的著名演员。我们也跟他签了约。伦敦的工作，就此开始。

导演的新起点

英国演员的《冬末探戈》即将开始排练。

伦敦的排练时间从上午 10 点到傍晚 6 点左右为止，每两小时休息 15 分钟，午餐休息 1 小时，这些在演员的契约书里都有明白规定。而且更令人惊讶的是星期六、日休息，不排练。

1987 年我第一次在伦敦公演时，没错，就是在国家剧院上演《美狄亚》和《蜷川麦克白》的时候，原本打算在星期天排练，但对方说那天休息，排练场不能出借，我还曾经为此大发雷霆。非但如此，星期天剧场根本不演戏。

在一般人休息的时候，向他们提供娱乐正是演艺人士的工作，怎么能在同一个时间休息呢！这种委屈才能成为演艺的力量啊！我当时是这么对他们说的。

我们开始排练。每次排练都是由我的一声击掌开始。有一天我突然好奇，平时在英国都是怎么开始排练的？是由导演或是助手来拍手吗？我问道。他们笑着同时摇摇头。那是怎么开始的？艾伦·里克曼告诉我，导演会对所有人说，各位演员，当你们觉得自己已经准备好，就可以开始了。

我想起佐藤织江曾经对我说：

"蜷川先生，外国导演非常重视演员。如果发现我那天状况不好，导演就会请助手和其他导演都暂时离开排练场，只留下我和跟我对戏的人，对我们说，等你们想开始时再开始就行了。然后一直在旁边安静等待，一等可能会等上几十分钟。"

据我推测，他们不是根据导演的号令而开始排练，而会先从确认创作者各种状态都获得重视出发。我对他们提议，不如我们以英国的方式来开始排练吧，但他们反而对我说，不不不，蜷川，你的方法就像拍电影一样，很有紧张感，这样很好。结果最后还是依照我的方式来。

光是排练开始的方法，都有明显的不同。我们就在这种彼此明确说出习惯和文化差异的前提下，逐渐深化沟通。

每当英国的演员和我们发现彼此的不同，就会觉得有趣、惊讶，为此发笑，然后讨论。

这种感觉就好像我刚当导演那时一样。1969 年，涩谷区樱丘现代人剧场的排练场，我在那里展开了导演人生。而现在，我好像在伦敦又有了导演生涯的新起点。

飞天坐垫的必要

持续在国外工作真的很辛苦。首先是观众的反应，国外观众不像日本观众反应那么温和，成功时固然能够享受热烈喝彩，可是一旦失败就得承受观众排山倒海丢来的番茄和倒彩。

再来是公演隔天早上马上出刊的报纸剧评。真的就像过去在电影里看到的一样，隔天报纸同时能看到许多剧评。而这些剧评都具有很大的影响力，所有公演相关人员都会迫不及待地阅读剧评。因为这些评论立即就会影响到票房。

前不久，我和小泽征尔先生一起合作歌剧时，谈到了国外观众的嘘声和评论家。小泽先生说：

"蜷川先生，千万别怕那些倒彩，你看看我，光是走到台前就已经有观众开始大嘘特嘘了，也有些评论家不管我做什么他都只写否定内容。总之，这些人一开始就决定好要讨厌你了。"

过去我曾经为反抗《朝日新闻》的剧评，创作了只发行一份的墙报"蜷川新闻"，我在上面写了对那篇剧评的批判，自以为这是"八百万份对一份的斗争"。在国外如果看到不公允的剧评，我一样打定主意要奋战到底，所幸目前为止还没有这个机会。小泽先生这番话听起来就像是战友给的勉励。国外公演总让我觉得自己像是在晋级赛中奋战的格斗选手。

我想起从前曾在希腊看过的那番光景。我们在帕特农神庙下的希罗德·阿提库斯这座古代剧场，欣赏了希腊剧团表演的希腊悲剧，因为一星期后我们也即将在同一座古代剧场中公演。那天晚上公演结束，当演员出来谢幕时，6000 名观众给予他们盛大的掌声。接着轮到导演出场。观众同时起立，将铺在屁股下的银色坐垫向鞠躬的导演丢出去。那 6000 个坐垫好比飞在天空的圆盘般，朝着导演飞去。嘘声不断回荡在野外剧场中。

那一幕看了很痛快，也极可怕。有一天我会不会也遭到这种对待呢？

最近日本不管哪个剧场，都好像跟观众建立起共犯关系一样，气氛相当平和。商业戏剧自然不用说，我偶尔去看年轻人演的小剧场也一样。虽然不需要毫无意义的对立，但是对于与费用不相称的糟糕导演手法或演技，在现场竟然完全不表达自己的否定意见，这又是怎么回事呢？我认为在这个国家才更需要有强烈意志做后盾的嘘声，和飞向天空的坐垫……

人生不能无戏

我排《假名手本忠臣藏》这出戏时，突然有一瞬间感觉到排练场气氛一变。导演其实就像个老鸨，总是小心翼翼地观察试探当下进展的状况。

我假装在观察演员演技，悄悄环视排练场，没想到我竟然看到市川猿之助先生坐在排练场一角看着我们排练。因为猿之助先生在一旁，所有演出的演员，包括在一旁等待上场的人都很紧张。这也难怪。我们这出戏直接采用歌舞伎剧本，但却用完全不同的方法来演，大家一定都非常在意身兼导演与歌舞伎演员二职的猿之助先生看了会有什么想法。

到了休息时间，我来到猿之助先生身边。

"哎呀，真有趣！不好意思打扰您了。"

他笑着这么对我说。我非常欣赏猿之助先生对戏剧近乎狂热的喜爱，甚至是对其他话题一概不感兴趣的"病态"。猿之助先生在巴黎导《金鸡》(*The Golden Cockerel*)，还有在演舞场排练《日本武尊》时，我都曾混进观众席中，一边欣赏猿之助先生的导演手法一边学习。

猿之助先生对歌舞伎传统的激烈否定及肯定，都让我有很多收获。他就好像被戏剧这种病魔所侵蚀一样，每当看着谈起戏的猿之助先生，我就会想起在国外见过的戏剧人。啊，国外的戏剧人也是这样呢。

在洛杉矶，我曾经见过被形容为"后生可畏"的年轻的歌剧和戏剧导演彼得·塞拉斯(Peter Sellars)。他在宴会会场紧跟在我们身边，不断说着他在爱丁堡看过的我的戏，还有他自己的戏。

曾经赢得奥斯卡最佳女配角奖的瓦妮莎·雷德格瑞夫也一样。我跟她见面的时候她总是像疯了一样，聊戏聊个不停。跟我一起工作的艾伦·里克曼也是，吃饭时他会慎重地把剧本放在桌上，说剧本是他的宝物。关于年轻戏剧人的教育，他可以跟我谈上好几个小时。

决定要通过戏剧来连接世界和人类的人，或许都是罹患戏剧这种病的病人吧。这些病人的身体和脑髓都被戏剧病菌侵蚀殆尽，除了就此继续活下去也别无他法。

但是在这个国家，被戏剧病菌侵蚀的人越来越少，那些人都去哪里了呢？难道说只是出现的症状不同而已？

继续丢烟灰缸

第一次执导商业戏剧时，我对演员的随便感到很惊讶。明明交代他们"排练第一天所有人都要把台词背好"，但是没有一个人办到。开始排练《罗密欧与朱丽叶》开幕那场戏时，还有演员戴着太阳眼镜，穿着拖鞋，单手拿着剧本，目中无人地上场。

我看了勃然大怒，当场大叫。

"把太阳眼镜给我摘下来！文艺复兴时期有人戴太阳眼镜吗！有人穿拖鞋去广场吗！谁会穿着拖鞋上广场！把剧本给我放下！不是叫你们背好台词过来吗！"

每当回想起1974年的排练场，心中还是会涌起不甘。当时排练的那个破旧东宝别馆排练场现在已经不存在了，不过我还是偶尔会想起在那里惨不忍睹的排戏状况。

老演员多半不会使出全力来排戏。上舞台排戏时，理应所有人大声说话的场景，我却听不到声音，我问他们："为什么不大声一点！"他们还会生气地回嘴："这么一来正式上场时声音早哑了！"我听了火冒三丈："你这样也配叫专业演员吗！开什么玩笑！"于是两人大吵了一架。

我就这样丢出了烟灰缸，而且不断地丢。现在我们身边已经很少出现这种光景了。当然，我希望这是我们过去努力没有白费的证据。

从地下小剧场转而走向商业戏剧时，看到跟以往的穷酸戏剧相比，商业戏剧有更充裕的预算，让我很高兴。地下小剧场时代连剧场里用的芒草都得自己拿着铲子外出，收集完一车载回来，安置在剧场里。

当我决定在伦敦西区公演时，制作人对我说："蜷川，这里是西区，所以没什么钱。"言下之意因为是商业戏剧，所以不能太浪费。我的报酬是票房收入的某个固定百分比，每周结算一次，一切都明白地根据票房收入而受到规范。

观众的人数立刻就反映在我们的收入上。"这里是西区，所以没什么钱。"我算是亲身体验了这句话的含意。

主角身上的外套要花多少钱，订制的木片人偶总共需要几个，都经过详细的计算，租借灯光也得精算数量。这种严谨对我来说感觉还不赖。在这个过程中，我又发现了一个新世界。我觉得自己就像个在战场最前线奋战的下等兵。

不为人知的老街剧场

各位听过红三剧场吗？那是一个利用江东区森下町的染色工厂"红三"遗址所成立的小剧场。

这个红三剧场到底有多厉害，大家似乎不太清楚，今天我就跟各位好好介绍一下。看来戏剧记者都不曾仔细研究过这个剧场，所以容我来为各位解说。

曾经有好几位现今活跃于世界戏剧界第一线的优秀导演，都在这座小剧场导过戏。

以前在波兰曾让我大受冲击的瓦伊达导演，在这里导过玉三郎先生表演的陀思妥耶夫斯基的作品。最近，皇家莎士比亚剧团的年轻导演大卫·勒沃也在这里导了《海上夫人》。这样的杰作观众席中竟然还有空位，尽管不是我的作品，还是令我觉得相当遗憾。老实说，我希望戏剧记者能够更加了解这里的表演有多么精彩。

即将重演的戏剧《蜘蛛女之吻》（*Kiss of the Spider Woman*），其导演阿克曼也是位相当杰出的导演。去年我在伦敦工作时，他在西区导了两出作品。各位知道能在西区导两出作品是多么了不起的事吗？其中一出作品是瓦妮莎·雷德格瑞夫主演的《此情可待成追忆》（*When She Danced*），另一出是怀尔德（Wilder）的《我们的小镇》（*Our Town*）。最近他还在百老汇执导了阿尔·帕西诺（Alfredo Pacino）主演的《莎乐美》（*Salome*）。

　　有这么多在伦敦、纽约和波兰活跃的导演，陆陆续续使用这个剧场，这个事实应该更广为人知。我甚至想大声地宣扬这件事。而且他们面对工作的态度都相当真挚，绝不像日本那些三流导演一样随随便便敷衍了事。因为他们知道靠那种工作方式不可能存活在世界的最前线。

　　"红三"里有很多间排练场。有时可能玉三郎先生在第一排练场导戏，猿之助先生在第二排练场排戏，第三排练场里是木村光一先生，第四排练场里是野田秀树，第五排练场是阿克曼，第六排练场有鸿上尚史，而我则在最高的楼层排戏。这真是一番令人兴奋的光景。在"红三"的人们对于我们创作者的温暖支持之下，这个排练场总是开朗又开放。他们没有对排练场进行过多的管理，也是相当了不起的地方。

　　我觉得"红三"的人正是企业赞助文化事业的优秀实践者，同时也是支持我们奋战的战友，我打从心底感谢他们。

1992 年

以舞台观点看建筑：西本愿寺、飞云阁

　　讨厌去京都，这是我最直白的感觉。一来我讨厌旅行，再加上一提到京都就会让我回想起以前当演员时经常因为工作到东映京都影城，并且联想到那地方特有的阴郁气氛。几乎所有来自东京的演员都会异口同声地表示，姑且不管其他地方，那个影城真的很讨厌。扮演配角或反派的京都演员总是露骨地用眼神表示："为什么不让我们演，还特地从东京叫来那些家伙？"他们露骨地漠视我们，营造一个只属于他们的集团。而他们对大明星又是逢迎到令人咋舌。在那群人当中，只有现在已经是大明星的川谷拓三先生，脸上总是挂着笑容，待人亲切。

　　虽然我很想看看西本愿寺里的飞云阁，不过一想到要去京都，直到出发之前，我都还举棋不定。我导的戏总是以某种幻想和间接体验作为刺激，因此我找了许多理由说服自己，勇敢尝试自己不擅长的事物，说不定能因此有些新收获，这才让我下定决心搭上了新干线。

　　以前到京都拍戏时，一有空我经常去逛神社寺庙。连续三天以上不用拍戏时剧组会让我回东京，太短的休假都不能回去，所以休息的日子我经常去参观寺庙，因此我大概看遍了京都所有寺庙。不过，唯独飞云阁没看过。也不知为什么，当时根本没去过西本愿寺。所以这将是我第一次看见飞云阁。

　　我的第一印象是，这栋建筑物真奇妙。建筑上汇集了各种各样的形式，中心偏移。尽管岁月已经带给这栋建筑自然的协调，但我想它刚落成的时候，在人们眼中一定相当奇异新颖，看来这才是真正的后现代吧。这堆积起来的时间循环实在有趣。

　　乘着小舟划过池塘，渐渐接近飞云阁，仰头望去，飞云阁时时刻刻都变换着不同形状。而我仿佛被它吸引一般，来到"泊船处"。这种引领人接近建筑的方法，一开始的导引手法相当出色。我顿时从日常时间被带入非日常时间中。戏剧也一样。为了将背负着形形色色不同日常的观众带进戏剧的时间，也就是进入非日常的时间和空间中，我必须使用各种不同的技巧。这就是导演的工作。我猜想，受邀到此的客人，已经在这"泊船处"暂且放下他们的日常了吧。

　　四条河原有各种热闹喧嚣的演艺，这些奇形异端的人下意识地组织起人们未能言说的梦想和欲望，而当时的知识分子又在这飞云阁中编织着什么样的梦想呢？飞云阁这座编织梦想的舞台，充满了出色创意。光线从各种形状的窗户中照射进来。

第一层"柳之间"和"招贤殿"有着微妙的高度差异，第二层"歌仙之间"宛如一场华丽色彩的洪水。第一层是严谨肃穆的舞台，不过借由池水反映的光线，应该能让墙上描绘的柳枝更显生动吧？假如风吹过水面，带动的光影变化使得反射光线让静止的柳枝看来款摆生姿呢？假如入夜后借由灯台、蜡烛和提灯，让第一层的柳树摇曳，让第二层的36位歌仙因闪烁的火光展现出栩栩如生的呼吸气息呢？身处这极端鲜艳空间中的人，一定能沉浸在目眩神迷的丰富体验中吧？这时，饱满鲜艳的色彩，不就成为紧接在第一层冷静空间后迎来的欢喜吗？或者，这里将成为能够与36位歌仙交错共存、接咏连歌的空间，或是一场盛宴？我脑中浮现出各种想象。

终于摆脱这鲜艳空间，再往上层走，来到"摘星之间"。假如他们打开窗户，映入眼帘的是一片现在的我们完全无法想象的浓重漆黑，欣赏浮现在这片漆黑夜空中的灿烂星斗，偶尔甚至忍不住想伸手去摘星，那么这场宴席的编排几乎可说是神来之笔。

序曲就到乘着小舟来到"泊船处"为止。第一幕是第一层的"柳之间"和"招贤殿"。休息时间是"黄鹤台的浴室"。终于上到第二层，进入第二幕。而第三幕就是"摘星之间"。飞云阁这座舞台俨然等同于戏剧的构造。当然，归途就等于尾声。在第三幕"摘星之间"中，人们和宇宙对话，将自己与世界相对化，而这出戏正是一出名为"宴席"，仅此一夜的人生之旅。

序曲、第一幕、第二幕、第三幕，以及尾声。

我望着这座遥远从前建造的建筑，对于将自己的精神寄托其中，却没留下姓名的先人之才，感到相当感动。另外，想到当时毕生都没机会接近这栋建筑物的人，以及当时可能聚集在飞云阁中的知识分子或者时代精英的人生，作为从事演艺工作的人，不得不再次回头检视当下的自己。

回程，前往东京的新干线中，我心中那讨人厌的京都消失了，我发现自己对过去在东映京都影城发生的大小事，完全不在乎了。或许杰出的作品真的具有净化人心的能力。这么说来，最该感谢的应该是召唤我前来的飞云阁吧。

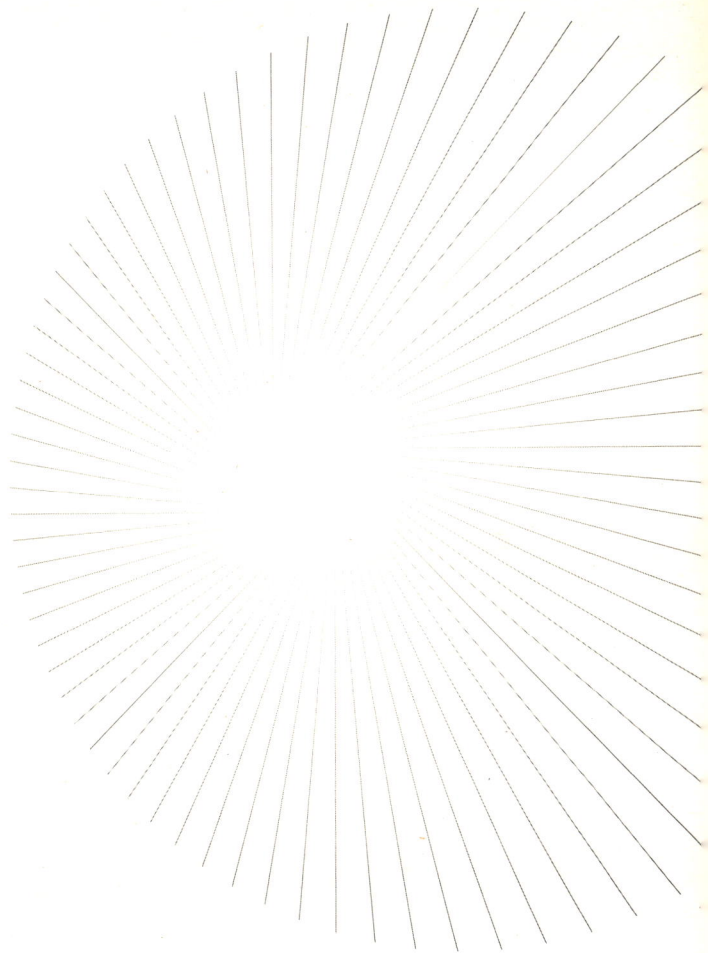

第三章　　　千种眼神

沟通的训练

　　最近我常想，说穿了问题都在沟通上。如果有人问我什么是沟通，我应该会回答，沟通就是人和人之间产生联结、期待与人联结、希望建立联结。人和人之间的联结，不知道是件多么遥远、多么困难的工程。真正的联结是什么？真正的沟通又是什么？我觉得自己的人生中似乎一直在追寻这个答案。

　　和年轻人一起工作时我经常对他们这么说："你们知道吗？所谓沟通，必须双方都伸出手，只有单方伸出手是不行的，别缩着手，勇敢伸出来。人和人之间如果没有并肩努力，不可能产生联结。"在戏剧这个人与人赤裸冲撞的现场，我一直这么大声呐喊。

　　为了秋天即将于伦敦开幕的戏，我正在进行英国演员的甄选。我每天会见到将近10位演员，向他们提问，或者回答他们的问题。参与演出的演员当然都是英国演员。在科文特花园排练场遇见的这些英国演员，确实都经过很好的沟通训练。我们会彼此伸出手来握手，一切都由此开始，我们双方的手互相连在一起。他们积极努力地表现自己。也有些明星会来参加甄选，看到这些大有来头的明星往往让我惊讶。在这里，大家都认为直到人与人之间产生联结、工作正式步入轨道之前，彼此付出努力是理所当然的。

我们在日本会互相鞠躬，这是初次见面时的招呼。我们不会向对方伸出双手。当然，我也认同彼此鞠躬这种招呼方式的含蓄之美。

可是，如果在我们互相鞠躬之后还能够牵起手来，又会如何呢？握手吧，这么一来，或许可以更快拉近人与人之间的距离。莎士比亚曾经说过："世界就是剧场，所有人都是出现在这舞台上的演员。"伦敦莎士比亚环球剧场入口放着一块写着"举世皆舞台"（Totus mundus agit histrionem）的广告牌。出色的舞台能让演员和观众融为一体，同样地，为了拥有美好的邂逅，我们也必须不断主动伸出手来。

1991 年

令人怀念的甜美地狱

那时候，我是开成高中的留级生。我一点也不懂，为什么非念书不可？就算是为了准备大学入学考，为什么教室里必须依照成绩来排座位？我问老师，但从没有人好好回答过我的问题。我在心里轻蔑这些老师，总是翘掉下午的课。我自己规划出几条逃课的路径，有时到屋顶去抽烟，有时穿过谷中墓园到艺大美术系石膏林立的素描室去玩，或者穿过汤岛天神到神田书店街。最后，我留级了。

我觉得身边的大人怎么都那么无趣，一点魅力也没有，所以总是表现得很叛逆。那年被留级的学生有20多个，所有留级生必须聚集在一间特别教室里上课，结束之后再各自回自己的教室，过着和别人不太一样的学校生活。我们有时会把留级生教室的椅子故意反转跨坐，玩起赛马游戏。在每张椅子上加上编号，一声号令下同时咔哒咔哒把椅子当马骑，往前挺进。原本小我们一届的学弟学妹现在成了同学，对我们总是用敬语称呼。我们是学校里多余的存在。

现在当上立教大学校长的浜田阳太郎，当时就住在我家附近，那时候他应该还在念大学吧，偶尔我会请他教我功课。阳太郎先生都叫我们这些人阿拉伯狒狒。有一天，阳太郎先生带我到一间酒吧。阳太郎先生对我说，阿幸啊，男人最重要的就是有骨气。带高中生到酒吧的大学生应该很少见吧，浜田先生就是这么一个不可思议又温柔亲切的人。

后来我好不容易高中毕业，想考东京艺术大学的油画系却没考上，成为演员。但现在回想起来，高中时代的地狱对我来说，却是个令人怀念又甜美的地狱。

1987 年

胆小的我

不是我夸张，我这个人胆小得可以。上次排练时眼前忽然一阵天旋地转，本来以为是地震，马上站起来紧抓住桌缘。这时才发现只有我一个人慌张失措，大家都坐在椅子上指着我笑。这些迟钝的家伙。

很久以前，忘记是小学几年级的时候了，曾经有过一次可怕的经验。第二次世界大战刚结束，我是四年级左右吧。放学回家后大家一起玩捉迷藏。那时候有些路边或晾衣服的空地里还留有战时的防空洞。我们经常躲在垃圾箱里、炭堆后，或是八角金盘树丛后，还有染布店拉得长长的布底下。

那天，眼看着鬼的倒数就要结束，即将开始抓人，我情急之下跑进水井旁的防空洞里。从明亮的地方突然走进阴暗的防空洞里，顿时眼前什么也看不见，只急忙摸着墙壁往后方走。

这时"咚"的一声，我撞上了某个东西，一屁股跌坐在地上。我马上站起来想继续往前进，但是又撞到了东西。我不由自主地抱住某个东西。眼睛渐渐习惯了黑暗,眼前看见一件白底有花样的浴衣。我下意识抬头一看,一个年轻女人的尸体,脖子吊在防空洞天花板上的大梁上。防空洞并不太高,所以那具尸体是膝盖跪地的姿势。

直到现在我还会想起在川口市本町三丁目杂院水井旁的那个防空洞。屈膝跪地的那位年轻女人的白色浴衣,防空洞里饱含湿气的空气,还有扮鬼少年数着"一、二、三、四"的声音。现在想起来,一切就好像电影的某一幕一样,越来越遥远。

我哥哥人缘很好,也很会玩,但他年纪轻轻就过世了。为什么好人总不长命呢?我哥哥人真的很好。

大约两年前吧,我在自己家里二楼房间的榻榻米上躺着发呆。傍晚时分,家里没有其他人在。我很喜欢夕阳西下后,黑夜来临前的这段时间,经常发呆。那时候也一样。

后来我大概打起盹了吧。不,我觉得应该是清醒的,但没什么把握。死去的哥哥和朋友,正在我身边嬉笑玩闹。我哥哥的朋友也在几年前意外身亡了。

哥哥和他朋友就像小时候一样玩在一起。他们笑得很开心,我也笑看着他们。后来我一惊,凝神一看,眼前没有半个人,但空气在流动,确实留下一股有人在这里玩闹,才刚刚离去的气息。死去哥哥和朋友的笑声,仿佛还盘旋在房间墙壁附近。

直到现在我还认为,死去的哥哥和朋友确实到了那间榻榻米房间,跟儿时一样开心地玩耍。如果真是这样,我会很高兴。

　　昨天深夜，我突然想上厕所，睡眼蒙眬地走在走廊上。我家厕所前天花板上有盏电灯，走廊正面对着一扇纵长玻璃窗，庭院里的树木偶尔会迎风吹动。

　　那时候，我不经意地看了一眼玻璃窗。一个男人正从窗里直盯着我。我惊叫了一声，把老婆和孩子都吓醒了。怎么了？大家铁青着脸问道。你们看！窗户那边有个男人。我太太仔细盯着那玻璃窗，孩子们也满脸恐惧地看着窗户。

　　那是你的脸啦，是爸爸的脸映在窗户里啊。老婆和孩子同声说道。我太太说，不要用自己的脸吓自己好吗，转身走回寝室。没想到我竟然会被自己的脸吓坏，我一个人沮丧地瘫坐在走廊上。

1987 年

驹込车站的杜鹃

已经是几十年前了吧。那时候我还在当演员，在已故的木村功先生设立的青俳剧团中当研究生。排练场在目白，我们在那个既小又脏的排练场，拼了命地排戏。自我意识过剩的我，演技拙劣至极，糟到自己也忍不住叹气。排完戏后，我们经常会在波士顿这间咖啡馆，边喝咖啡边讨论当天的表演。

在这样的日子中，一天，跟平时一样和几个演员在波士顿咖啡馆里聊完正准备离开，走下楼梯，一楼的座位有两个女孩正在说话。听到我们吵闹的声音，背对我们的那女孩转过头来，我吓了一跳，看着那女孩，对方也盯着我看。那是我以前曾经交往过的女孩，后来她去了其他剧团，我们也自然而然没继续见面。这是相隔一年左右的重逢。我走到她身边，邀她一起回家，语气不容她拒绝。我跟她两人一起走到目白车站。我对她说，我送你回去。

　　搭上山手线后，两人还是沉默着没说话。我们站在电车门边。当电车开到驹込车站时，我对她说："我有话跟你说，下车吧！"我们坐在驹込车站月台的板凳上。电车开走了。我告诉她："喂，要不要跟我结婚？我一直很喜欢你。"她脸色苍白，我想我自己应该也是。她终于开口："对不起，我已经跟别人定下婚约了，你总是慢一步，总是不肯给我确定的承诺。"那个瞬间，一丛盛开的杜鹃花撞进我眼中。当时那片怒放的杜鹃实在很美，但也好可怕。

　　每当我看到盛开的美丽杜鹃，就会想起驹込车站。当时的杜鹃，就好像一场梦一样。

　　不久之前我搭上山手线，偶然经过驹込车站时，试着寻找杜鹃花。被冬日的风轻轻吹拂着的杜鹃在轻轻摇晃。当然，那时杜鹃并没有开花，但在我眼中，这场景却同几十年前盛放的杜鹃重叠在了一起。于是，一股酸甜的回忆掠过我的胸口。

1988 年

与音乐的深厚关系

　　小时候母亲经常带我去听古典音乐会。在二战后的混乱生活中，我曾经听过谀访根自子小姐和岩本真理小姐的小提琴演奏。我试着想象当时的自己走在日比谷公会堂上楼的阶梯上，母亲牵着我的手，我迈着大步奋力爬上阶梯，身边的大人们亢奋纷杂的气氛让我看得目不转睛。不过现在回头想想，当时的观众席中充满了人们对优秀作品的热烈饥渴，实在是个幸福的空间。现在我母亲已经上了年纪驼了背，而我也亲身感受到，那些遥远过往的记忆，有些会鲜明地重印在脑中，而有些则像长镜头画面一样，逐渐淡去远离。

　　如果遇到喜欢的曲子，我就会从早到深夜只听那首曲子。比方说李帕蒂（Lipatti）弹的《耶稣，是我们仰望的喜悦》（Jesu, Joy of Man's Desiring）。还有福莱（Fauré）的《安魂曲》（Requiem）也一样，而且我只听第三章的"圣哉经"（Sanctus）。另外像是布鲁斯·斯普林斯汀（Bruce Springsteen）的《直截了当》（Point Blank）、《河流》（The River），还有《奇异恩典》（Amazing Grace）。这是土方巽先生表演《安静的房子》这支舞踏^①时，在谢幕时使用的曲子。土方先生缓缓行礼的姿态，看起来犹如阳光下的蜃景，《奇异恩典》听起来宛如宗教歌曲。我前年终于在苏格兰的爱丁堡发现了与当时相同的乐曲。在那之后我录了一卷只有这首曲子的循环播放卡带，持续听了一年左右。而土方先生现在也已成故人。

莱昂纳德·科恩（Leonard Cohen）的《切尔西旅馆》（Chelsea Hotel）和《电线上的鸟儿》（Bird on the Wire），我也每天不厌烦地听。总之，只要听到喜欢的曲子，我就会因为想听那首音乐，迫不及待想快点回家。简直像逃进音乐里一样。

而我喜欢的曲子也会因时而异，有时候是古典，有时候是摇滚，也有时是流行歌。大概是依据我当时的心情来挑选喜欢的曲子吧。所以只要想起过去喜欢的曲子，大概就能了解当时自己的状态。

最近我爱听的是玛丽安娜·费思富尔（Marianne Faithfull）《怪天气》（*Strange Weather*）这张专辑里的《潸然泪下》（As Tears Go By）这首歌。光是听开头第一句就能够了解，已经41岁的玛丽安娜·费思富尔时隔4年出的这张唱片，对于被怀疑

---

① 又称"暗黑舞踏"，现代舞的一种形式，由日本舞蹈家土方巽和大野一雄于二战后创立。舞者通常全身赤裸并涂满白粉，表演中常包含呐喊、扭曲、蟹足等元素。——编注

沉溺于酒精和毒品或许无法再振作的她，要经历多大的痛苦才
能有这样的结果。她嘶哑低沉的声音，有时听起来像个老妪在
叹息，又像是个看过地狱的女人在低语。听她唱着 Yesterday,
Yesterday，我几乎觉得自己也被拉进一个黑暗的深渊当中。

　　玛丽安娜·费思富尔曾经与滚石乐团的主唱米克·贾格尔
有过一段恋情，她所唱出的《潸然泪下》远比米克·贾格尔的
歌声更深刻、更能打动我的心。她跟贾格尔最后未能结成连理，
录音时，她又是如何处理那段恋爱记忆的呢？相隔 23 年录制的
这首曲子，深深地埋入各种情感，再也没人能够窥探到它的内
在。身为作曲的米克·贾格尔，或许也无从发现。

1988 年

与年轻人的共鸣

烙　印

新神户东方剧场所在的 OPA[①] 里有间小咖啡厅，我在里面写着这份稿子。这里就像是巴黎街角的小咖啡厅一样，店前种着几棵树，隔着树有几家店铺和供行人通行的道路。充满魅力的景色，犹如精心设计的舞台。这间 OPA 根本像座迷宫，随着自己身处的位置不同，眼前的风景也会随之变化，乍看之下绝对无法掌握全貌，我觉得它确实是经过精心计算的崭新都市建筑杰作。

昨天晚上，在我执导的《假名手本忠臣藏》中扮演老太婆的年轻女演员告诉我这么一个故事。蜷川先生您知道吗，我们

---

① 日本一家连锁超市。

提着灯笼从观众席通道上出场时，旁边的观众会对我们说，你们真辛苦，不过要加油啊，而且不止一个人，很多人都会这么说。这时从其他通道上舞台的女演员们听了也不甘示弱地说，我们这条通道也是啊。我听了很开心，几乎快流下眼泪。看来经过口耳相传，观众都很了解演员在舞台上将近三个半小时的演出对体力的负荷有多么沉重。

我听了之后对她们说，是吗，真是太好了。观众温柔的话语，可以让这些刚起步的年轻女演员对自己的工作怀抱骄傲，同时也感受到对人的信任。一想到这里我更加确信，将来她们或许会遭遇屈辱、挫折，但到时候，曾经与善良的观众有过温暖交流的记忆，一定能成为她们心中莫大的支柱。

原本担心和神户工作人员的沟通问题，结果也很顺利。神户和东京的工作人员携手同心，解决了许多严苛的问题。我第一次在神户的工作，就是在众人努力沟通下所诞生的神圣烙印（圣痕），从今以后，我也希望继续在神户、东京和伦敦创造新的烙印。

铫子高中

一天，电话响了。接起电话，对方自称是千叶县铫子市立铫子高中的学生，希望邀我去学校文化祭演讲。那时我正好在排《忠臣藏》这出戏，自己心里也满是忐忑，担心无法胜任，便回绝了对方。

我继续排戏，完全忘了那通电话的事。过了几天，那个少年又打了电话来。他是这么说的：

"我在电视上看过蜷川先生排戏，真的非常希望请您来演讲。而且我打了电话给近十位文化界的知名人士，只有蜷川先生一个人亲自接听我的电话，其他人不是请公司的人出面接电话拒绝，就是提出高价来婉拒。"

我对他说，好，知道了，那天我会暂停排戏，到你们学校去。

当天早上我五点半起床前往桃子，桃子高中在一座小山丘上。我在讲堂里对成百上千个学生说了这些话：

"我向来不擅长在人前说话，总觉得很难为情。但是今天我来到这里，是因为想证明还有大人愿意为你们做些事。不过，现在我之所以能站在这里，代表有近百位戏剧工作人员和演员的工作停工，这也是我清晨五点半起床，花了5个小时转车才有的结果。在我个人的背后还有许多背景，我想我不说大家或许不会理解，所以一定要让你们知道。"

学生们都很专注听讲。临走时，他们对我说："我们很想亲手做点东西送给蜷川先生，所以大家分工合作烤了300个饼干，请拿回排练场给大家吃吧。"他们交给我一个绑着大缎带的伴手礼。

在那之后大约一个月吧。今天我收到一个写着桃子高中的大纸袋，里面放着好几封信。我一封一封读着这些感谢函，满心感慨，庆幸我当时决定赴约。那些信上都写着，等我们上大学后，一定会去看蜷川先生的戏。

成年人也很辛苦

上个月我满 53 岁。年轻时看到 50 多岁的人，我总会想象那些人比我有地位，有工作，又有钱，一定过着充满自信的稳定生活吧。我想，年轻时我的想象中，可能还包含着自己也没察觉的忌妒和轻蔑，而现在我已到了当时忌妒、轻蔑之人的年龄了。看看自己，跟年轻时的想象完全不同，53 岁的我跟青春时的自己一样，过着痛苦和喜悦交杂的日子。

昨天深夜，我跟高中一年级的长女在客厅聊天。"爸爸，好久没看到你了，身体还好吧？"女儿对我说。我回答，还可以，那你学校成绩怎么样？"有点退步。"女儿回答。"是吗，讨厌的科目也得好好念，学校上的课有些确实跟社会生活很脱节，但是你不妨换个角度想，你看看爸爸，我也不是只做些轻松的工作啊，挑战自己不擅长的事，才有机会发现新的自己，所以我到了这把年纪，还牺牲睡眠时间在学习。"女儿安静地听着，我继续往下说。出社会之后，不可能光靠自己喜欢或者轻松的事来维生，生活里一定得面对自己不擅长，甚至觉得痛苦的事，你就当成先在学校里预习吧。"成年人也很辛苦呢。"女儿说。我告诉她，就算长大，也跟年轻人一样有痛苦、有烦恼。

　　我又想起大概10天前的一个深夜。女儿房间灯还亮着，我以为她在念书，进房间一看，台灯没关，她就这样睡着了。我替她关了灯正要离开，这时她大概在黑暗里睁开了眼睛，睡迷糊了吧，不断摸着我的身体说道："爸爸，是爸爸，爸爸在这里呢，爸爸，爸爸。"我想起她小时候的样子，那时候可是我代替工作繁忙的太太，一手把孩子带大的呢。

培养有个性的演员

　　个性独特的好演员越来越少，长相独特的演员也越来越少了。以前在《浊流》这出戏里，我试着寻找能扮演戏中曾是街头卖艺人的少年，角色形象是个不讨人喜欢、身材低矮的少年，但是找了许多剧团或制作公司，大家推荐的都是些仿佛无味苏打水，长相很没味道的演员，跟现在电视画面里常出现的当红明星一个样子。

　　从什么时候开始，电视成为演员的价值标准了呢？为什么开始排斥那些散发不同气质的演员呢？不管剧团、制作公司，或者是戏剧学校，都不再录用具有独特个性和创意的演员。大家都想争取不花功夫就能大卖的明星，看起来问题较多的演员马上就被抛弃。过去黑泽明导演的作品中，精彩地给每位深具个性的演员安排了最恰当的角色，让我们从中窥见另一个世界。

　　当我提议不妨在神户设立一间新戏剧学校时，其实脑中也想到了这个问题。同时我也认为，文化中心不该只在东京，如果能在神户培育演员，大可不必从东京请来所有人，这么一来就能放眼未来，培育出神户特有的戏剧和演员。

不过这个戏剧学校的提案最后没被接纳。就连我也必须耗费自己的资源，在蜷川剧团这个特殊的集团中培育演员。在这种现况下，不管再盖几座提供外借的剧场，都没有意义。

没办法，看来我只能在国外做这个梦了。我即将在1992年就任英国环球剧场的艺术总监之一，与只演出我作品的专属演员签约。我和演员将会赌上这纸合约的骄傲，共同创作出精彩的戏剧，届时，还请大家从日本到英国伦敦来看戏。

1988年

育儿是成人的学校

　　桌上放着快满 15 岁的长女刚给我的巨大哥斯拉。小她 5 岁的小女儿，送了我素描本和两支 4B 铅笔。素描本也放在哥斯拉旁边。这是她们两人送我的生日礼物。

　　听说两人为了礼物烦恼了很久。大女儿看到我放在工作室的各种怪兽，决定送我一个比那些都大的哥斯拉；小女儿昨天好像听到我喃喃自语，说该买素描本和 4B 铅笔了。看着她们放在我桌上的礼物，眼前好比流动着一股温暖的空气，真是不可思议。

　　我和真山知子结婚时说好了不生孩子，那是 22 年前的事了。但是最后我们生了两个孩子。其实是因为我们一起创立的剧团解散时，真山说无论如何都想要孩子，剧团接二连三解散，总觉得自己的青春好像就此结束了，这句话也打动了我。于是，我成了两个孩子的父亲。

　　不消多少时间我就自觉到，说什么不想要孩子，只不过是男人的逻辑和傲慢罢了。真山摸着日渐隆起的肚子，脸上带着微笑。她结束工作回家后打算给孩子喂奶，不过孩子才一张口，母乳就像莲蓬头一样洒在孩子脸上。听到孩子的哭声我完全不懂为什么，但是她马上就能判断，啊，这是尿布湿了，有时亲亲孩子，就知道她发烧了。两人的关系就像动物一样。

于是我渐渐学习什么是女性，学习跟孩子之间的关系。同时就算我不愿意，也不得不自觉到什么是男人。这就是大人的学校。

孩子们越长越大，这所大人的学校也越来越严酷。回头想想，她们还在包尿布的时代，简直像田园牧歌一样平和安宁。我家孩子的成长刚好跟日本经济的高度成长时期重合。日本的激烈变化，让我们身处的环境为之一变。在这种状况中，大人也逐渐随波逐流，丧失自信，信息泛滥，失去丈量计测的尺度，等等。

我从开始导戏大约已经过了20年。在这段时间当中，我曾经跟几千位年轻人一起工作过。如果要问我工作的原理，那就是永远和演员建立一对一的关系。我和演员以个体对个体的关系接触。如果有100位演出者，我就会和他们牵起100条沟通的线。我手中有100条线，而演员只需要拉住跟我相连的那条线。如果没有牵起这100条线，年轻人就不会相信我。在排练场这个工作场域中，有时候我是发掘年轻人各种可能的老师，有时候我是安慰他们伤痛心灵的母亲，有时候我是替他们分析状况、指明前路的父亲。我的工作大半都花在这些沟通上。这就是我工作的方式。

但是现在，我发现自己束手无策的时候越来越多。当然，这可能是因为年轻人觉得上了年纪的我看起来很有距离。不过我总觉得原因不只如此。有一天，一些想要寻求帮助的年轻人不停给我家打来电话。但明明是他们自己打电话来，却沉默着等我发问。我得像撬开紧闭的贝壳一样，不断丢出问题。他们才好不容易开口。听了之后，我对他们说："你回想一下，这不就像是小学时在教室里尿湿裤子，隔天早上不想上学校，担心被别人取笑的状况一样吗？只要熬过那天早上，之后不就没事了吗？你现在的问题就差不多是这种程度。"年轻人回答："嗯，这么说好像也没错，我觉得心情好多了。"在跟这些年轻人相处的过程中，我面临许多只有通过虚拟体验才能感受到的年轻人现况。他们一个人回家后，会打开电视，跟电视对话，巨人队赢了吗？

这时，体育新闻的主播刚好宣布了胜负。明天的天气呢？电视会告诉他明天的天气预报。然后他们因为怕寂寞，就这么开着电视入睡。

再说回我的两个女儿。我只能不厌其烦地丢出这条沟通的线。当大人不安动摇的时候，孩子也不可能找得到度量的尺度。期待有一天能找到新的尺度，不要紧抓着一切舍不得放手，这或许算是我暗自下的小小决心吧。

1988 年

情欲的鲜红花朵

　　　　红（赤），七色之一。如血般的颜色。同时也是绯、
红、朱、茶等颜色的总称。

　　　　　　　　　　　　　　　　　　　　　　　《广辞苑》

彼岸花

　　我总是会把红色跟花的印象重叠在一起，这大概是我的习惯吧。盛放的彼岸花随风飘摇，开了几百朵没有叶子的鲜花，看起来就像火焰，也像流离的魂魄一般。这种开在墓地的花，在高中的我眼中烙下深刻印象，偶尔会重现在脑海里。彼岸花，又称曼珠沙华，仿佛象征着我少年时代不安定的灵魂，从远处逐渐推进。涌至眼前的红，宛如灵魂燃烧的红。有一天，我望着皇居的外堤，看到一片盛放的彼岸花。整座护墙好像被火焰包围一样，风一吹，就如同火焰四窜。我静静享受眼前如此豪

华，又像末日光景的美丽火灾。

后来我在《近松心中物语》这出戏里用了彼岸花。不管在房子里、雪中，或者屋顶上，都有盛放的彼岸花。

山　茶

深夜里，走在神宫外苑的树林间，听到砰、砰的声音，好像有东西掉下来。我仰头一看，天色很暗，头顶只看到一片茂密的树叶。我继续信步往前走，又听到砰、砰的声音。心里开始有点发毛，停下了脚步。再次抬起头，这时刚好有东西落下来。仔细看看脚边，原来是红色的山茶花。我揉揉眼睛，才发现脚边有一大片红色山茶花。黑暗中的红色山茶，好像瞪大了眼睛一样。砰、砰。红色山茶继续在黑暗中落下。这是一片山茶森林。一座充满了死亡官能的山茶森林。

我导三岛由纪夫所著近代能乐集里的《卒塔婆小町》时，就用了不断掉落的红色山茶。

蔷　薇

男人们将棺材搬到公共厕所里去。一个松手，棺材摔落在地，棺材里掉出了鲜红的蔷薇。我做了上千朵红色蔷薇。红色蔷薇是死去少年的灵魂。我买了做假花用的纸自己做红蔷薇，每天每天不断地做。蔷薇的红色不能用太浅的红，要用略带点黑的红，看起来才像蔷薇。

　　1972 年，在新宿电影院播完电影之后演的这出戏有个副标题，叫"新宿蔷薇战争"。作者是清水邦夫。谢幕时，观众席送了一束蔷薇花给舞台上的我们。演出的最后一天，我们将这束花用力砸在舞台地板上，红色蔷薇花冠迎头折断，飞到观众席上，看起来真美。第二年，我们在这个剧场里宣布从此再也不在新宿演戏。那是我青春的终点。

罂　粟

　　我从雅典来到德尔菲。德尔菲的古代遗迹中，弃置的石头间开着迎风摇曳的虞美人这种罂粟科的鲜红花朵。看起来就像是往上蹿升的血。往上蹿升的血。平常我们不会这么说，但这些红色虞美人让我觉得就是往上蹿升的血。原来罂粟是受害者鲜血这种传说，在全世界都有。

　　演出欧里庇得斯的希腊悲剧《美狄亚》时，我在舞台上种了罂粟花。为了报复丈夫的不忠，杀害挚爱的两个孩子，美狄亚的悲伤和愤怒，就好比这往上蹿升的鲜血。

绯　樱

　　　　樱树下埋有尸体！千真万确。不信你们看看，樱花怎

么会开得这么茂盛？我不相信那种美，这两三天心里都很
不安。但是现在我终于懂了。樱花树下埋有尸体。

梶井基次郎

　　如果有一天，淡粉红色的樱花变成了绯色樱花，如果那绯
色花瓣在黄昏时慢慢地一片片飘落。那光景真是骇人。我想，
那才是所谓末日光景吧。

　　我在莎士比亚的悲剧《麦克白》中用了佛坛和不断飘落的
樱花。佛坛里的红色月亮还有不断片片飘落的红樱，就像梦一
样美。在这当中，麦克白像个婴儿般，蜷曲着身体渐渐死去。

　　　　再记：

　　　　红（赤）：七色之一。如血般的颜色。同时也是绯、
　　　　红、朱、茶等颜色的总称。

《广辞苑》

　　对我来说，红色就像乔治·巴塔耶（Georges Bataille）所
定义的情色一样。巴塔耶是这么说的："情色就是死前对生的赞
扬。"对我来说，这就是红色。

1990 年

时间的方盒

　　一切好像真的都从咖啡厅开始，在咖啡厅结束。

　　那应该是 1959 年吧。我在新宿的咖啡厅"风月"，第一次读到还是早稻田大学学生的清水邦夫写的多幕剧《明天在那儿插花吧》。上一辈的人完全不了解这出戏，让清水很焦躁。说来大家或许不信，向来沉默寡言的清水还气到在咖啡厅大声念着自己作品的台词。这出精彩描写青春屈辱和挫折的作品，是清水的一大杰作。存在主义风格的年轻人经常聚集的"风月"，在这四面混凝土墙的空间中，交错着巴赫唱片的回响和清水愤怒颤抖的声音。这里根本是剧场。清水说："喂！难道你看不懂这出戏吗！"这就是我和清水漫长交情的开端。

　　1968 年，我打算离开当时的青俳剧团，于是跟交情不错的同辈演员商量。当时只有我们两人，说好是个秘密。地点在麻布三之桥一间叫"樱花"的小咖啡厅。对方面色凝重地说："是吗，你要走了啊。"隔天有场剧团大会，那个男人突然站起来说:"蜷川,你不是对剧团不满要退团吗?"我哑然地望着那男人的脸。之后我和 16 个年轻演员一起离开青俳,创立了现代人剧场这个剧团,自此成为导演。

1971 年,决定解散现代人剧场的夜里,我在新宿的"劳斯莱斯"这间咖啡厅,跟《朝日新闻》的扇田昭彦先生聊了一番。那天晚上的滂沱大雨,还有我带着无奈心情走过伊势丹转角那个十字路口的情景,直到现在我都还记得很清楚。

1972 年,我创立了"樱社"剧团,再次展开戏剧活动,还请了唐十郎写戏。那出戏以涩泽龙彦的《犬狼都市》为题材,名为《导盲犬》。唐十郎先生打电话来说写好了,我去拿剧本的地方也在新宿,是间叫"琥珀"的咖啡厅。进了"琥珀"后,我看到唐十郎已经在里面喝着咖啡。他对我说,就是这个,把原稿交给我。看到他交给我的原稿,我相当惊讶。大小约两毫米的文字密密麻麻地横向排列在白纸上。那些文字好像虫子一样,我一边读一边不住颤抖。文字是活的,可以传达作者的气息。这时候,我深深觉得,作家真是一种可怕的生物。

1974 年,决定解散樱社也是在参宫桥附近一间咖啡厅兼酒馆里。不知为什么,我记不得那间店的名字。决定解散,离开那家店后,外面天刚泛白。我一个人往甲州街道的方向走。那是个清冷的凌晨。我告别小剧场,走向商业戏剧。从此以后,我开始讨厌新宿。

1976 年,我在东宝导了一出索福克勒斯的《俄狄浦斯王》,

为了调查资料，我去了一趟希腊。希腊观光局标榜希腊没有冬天的那些宣传标语都是骗人的，当时的希腊真冷。我在市街上、小村里徘徊，但是完全没找到能刺激想象的材料。筋疲力尽之下，我回到雅典，走进欧摩尼亚广场附近的一间咖啡厅。不管怎么样想先来杯热咖啡。一推开门，所有人都回头看我。里面有几百个人吧。那个有点肮脏的巨大咖啡厅，就像改装前上野车站检票口的大厅一样，应该只有当地人会去。男人们在这里激烈交谈、争吵、游戏，喝着希腊式的浓稠咖啡。而这几百个希腊人好比电影里的静止画面，同时凝视我这个闯进来的东洋旅人，过了一会儿，他们又若无其事地回到各自的游戏和谈话当中。我这才松了一口气，喝起热咖啡。在那猥杂的炙热空气中，我终于遇见了想找的东西。我在那家咖啡厅里拟好了导演计划，并且决定歌队只用 180 个男性。

咖啡厅是个不归属任何性质的中性空间，对利用这空间的人来说，才具有特殊意义。而这层意义最后也会赋予时间。随着时间流转，被赋予意义的空间和时间就像个四方形盒子一样，累积在我的体内。这些四方形盒子现在仿佛在我身体里互相撞击，发出咯哒咯哒的诡异声响。

1991 年

海外的邂逅

我收到一张照片。照片上有安迪·沃霍尔（Andy Warhol）、凯斯·哈林（Keith Haring）、小野洋子，还有我。5 年前在纽约上演《美狄亚》时，他们看完戏来到后台，有人帮忙拍下了这张纪念照，现在终于送到我手中。

安迪·沃霍尔和凯斯·哈林现在都已成故人。去年 10 月在纽约演出《蜷川麦克白》时，频频听到谁过世了、某某又走了的话题。每当听到死者的名字，我就忍不住想，始于 20 世纪 60 年代的地下小剧场，到了 80 年代尾声终于被埋葬了。

纽约的戏剧、绘画和音乐都很衰弱。这个城市里并没有吹起强烈的创造之风。从吹过大楼间缝隙的风里，我仿佛突然听见死者的声音。某晚，结束《蜷川麦克白》公演后，尊龙突然来访。他对我说："蜷川，我们一起工作吧。"

"今天晚上的《蜷川麦克白》真美，我从没看过这么美的戏。蜷川啊，我想跟亚洲人一起工作。请你答应我。"

　　说着，他留下一张写着自己住址和电话号码的纸条，便离开了。在国外工作时偶尔会遇到这种情况。在伦敦时也一样。那位曾荣获奥斯卡最佳女配角的瓦妮莎·雷德格瑞夫也曾经来找我："《美狄亚》我看了两次。蜷川，我们一起工作吧。"

　　我很喜欢尊龙和瓦妮莎·雷德格瑞夫的率直。这些人开放的个性很容易就能跨越国境，随时准备好有新的邂逅。今年秋天，我即将在伦敦跟瓦妮莎·雷德格瑞夫一起工作，演出的作品是清水邦夫的剧本《冬末探戈》。

　　第一次国外公演的地点是罗马。当时我参加了罗马夏日艺术节。意大利的工作人员相当松散，都已经到了首演日，休息室都还没准备好。那是一个架设在西班牙广场上的波格赛公园里的野外剧场。演员们坐在刚盖好的野外剧场旁的楼梯上，在街灯灯火下化妆。看起来就好像出现在费里尼电影里的艺人一样。不过也因为当时罗马公演的成功，我才得以持续受邀在国外公演。如果报上的剧评不好，公演绝对不可能持续下去。后来我们剧团广受各国邀约。再也不需要就着街灯化妆了。

　　有一次跟小泽征尔先生见面时，我告诉他自己多么害怕在国外公演。小泽先生对我说：

　　"确实很可怕，不过你总得习惯。"

　　接着他说起自己遭受过的批评和卑劣的评论家。那态度一派轻松，实在潇洒。我也该早点像他一样，学会如何平静面对。

1991 年

梦幻舞台

武智铁二先生过世了。"异才""奇才""耽美派巨匠""妖怪""革命儿",等等,武智先生身上的标签多到令人咋舌。而我认为,这些标签正象征着武智先生的光荣和孤独。

读过昭和三十三年(1958)4 月 25 日发行的《歌舞伎的黎明》(普及版)时,我才具体了解武智先生的工作。过去曾经耳闻他的传说,却没有亲眼看过,因为我太过年轻。不过那些传说却在我心中留下深刻印象,在神田旧书店发现武智先生原价380 日元的《歌舞伎的黎明》被标上远高出许多的价格,我还是毫不犹豫地买下。那时候我还是个演员。

现在我再次从书架上抽出那本书来读,其中激烈的批判精神,还有以看待文本的态度来阅读歌舞伎剧本的强烈写实精神,都深深打动了我。

当《上野》杂志邀请我和武智先生对谈时,我很高兴地赴约。我这个人生性怕生,总是避免和陌生人见面,也尽量不制造见面的机会。但是那天却不一样。当我到达对谈地点时，武智先生人已经到了。到达对谈地点的时间很难拿捏，太早到对于还在准备的工作人员不好意思，当然也不能迟到。我因为紧张，很早就到了上野，先在不忍池附近散步打发时间后，才前往指定地点。

武智先生露出满脸笑容。我猜想他从年轻到现在一定见过不少腥风血雨的场面，但是他的目光背后却丝毫不露痕迹，我眼中的他，看起来只像个富裕又有教养的老爷。不过这位老爷嘴里说出的话偶尔会散发利器般的凌厉。而且脸上的笑容始终不变。

在《平凡拳击》中与内田裕也先生对谈时，我们两人也说到武智先生有多了不起。

"人的才能在 50 岁后就很难再有突破。20 多岁时基本上已经定型，30 岁后开始发展，40 岁时终于开花结果。50 岁以后还能从事崭新创造工作的例子，历史上可说前所未有。所以当我思考什么艺术在天分才能消退后也能从事时，最后想到的是电影，这种低级艺术说不定我也做得来。"

"外国艺术是以心脏为中心，如脉搏般的艺术，日本则是呼吸般的艺术。脉搏的艺术心脏一停就会死亡，脉搏变慢也会变得衰弱。不过呼吸是自由的，依照自己的想法可快可慢。这就是日本人孕育出独特艺术观的基本原理。"

"我认为文学是权力的象征，同时我用戏剧来呈现。文学是种很落伍的艺术。现在光靠女性的才能就足够了，算是女流作家的时代。问题在于，在这种时代里男人又该做什么。"

我对武智先生提了几个问题，希望引导他说出对现在歌舞伎或者歌舞伎演员的批判，但武智先生没有掉进我怂恿的陷阱。我很想请问他对猿之助先生的看法，还有对玉三郎先生的演技有什么想法，他几乎都没回答。不过武智先生倒说了些与他即将拍摄的以三岛由纪夫为题材的电影相关故事。

我终究没机会看武智先生的戏。武智歌舞伎剧团在昭和二十七年（1952）就解体了，当时才高中一年级的我，自然无缘得见。我只能遥想武智先生的梦幻舞台，以及他的天赋英才。

1988 年

戏剧教育论

与松田优作一致的演技论

演技是什么？如果有人问我这个问题，该怎么回答？我觉得这个问题有许多不同的回答方式。不过，我想我应该会回答，所谓演技就是遇见另一个可能的自己。很久以前我就常对年轻演员这么说。

不过，最近有年轻演员告诉我，蜷川先生，这句话松田优作也说过呢。什么，真的吗？这位年轻演员告诉我，山口猛先生写的《松田优作 宁静火焰》中也写了几乎一模一样的句子。他还说，松田优作在那本书里提到，虽然不想演戏剧，但一直很想跟蜷川先生聊聊。我想起以前有某出戏曾经邀请松田优作合作。

我跟松田优作从没交谈过。1969 年我开始在新宿演戏，深夜散场后经常看到松田优作在员工出入口等人。另外，我和内田裕也先生合作《莫洛托夫汽油弹》时，松田优作也正好和其他的音乐人一起在螺旋大厅，我们四目相对，彼此还点头打过招呼。不过我一直有种预感，相信有一天我们会在某个地方以某种形式一起合作。但我也同时觉得，这对我们彼此来说应该都会是很吃力的工作。结果我却从此失去了这个机会，实在万分遗憾。

有些人就算到了一定年龄，还是距离成熟、圆融这类形象相当遥远。像我和松田优作，或许就属于这种人。对我们这种人来说，时间必须永远是凝结的时间，人际关系也必须永远是思虑到极限的人际关系。尽管自己不这么想，或许在别人眼中就是如此。结果也让周围的人莫名紧张，陷入疲惫不堪的状态。

像我们这种人谈起教育、谈起安稳、谈起温暖，或者谈起爱，必定会惹来周围的讪笑。他们的眼中，一定觉得我们真是大言不惭。这就是教育的问题了，每一个人都能教能养，但也不是每一个人都会教会养。大概只有这一点才是唯一的事实吧。

高桥一也的表现力

能看清每个人不同的个性，为每个人提供最有帮助的建言，应该是每个导演发自内心的梦想吧。但是现实生活中可没这么简单。

演员，特别是年轻演员，在年纪和经验都不同的导演面前，根本不可能坦率表露真正的自我。如果他们不表现出自己原本的样子，导演也不可能依据演员的个性提供建议。这时导演往往拼命想表现出赤裸裸的自己，因为他们暗自期待，这么一来对方也会愿意展现赤裸裸的自己。

有一天，导演在碰巧走进的咖啡厅里，看到在自己面前向来不太说话、沉默寡言的年轻演员正跟朋友开心谈笑，不觉愕然。混蛋！原来你在我面前都是装的！接着导演会安慰自己，我年轻时在上了年纪的导演面前也会伪装自己，他可能是太过紧张才没能表现原本的自己吧。

戏剧的现场永远是人和人之间的冲撞，是活生生的修罗地狱。在这个修罗地狱当中，除了令人讨厌的事，其中的喜悦也一样鲜活。

高桥一也曾经对我说，蜷川先生，我一想到自己不在那里就好不甘心。高桥当时是男斗呼组的一员。去年我在《培尔·金特》这出戏里跟高桥一起工作，那时他的演技让我很惊艳。他抛弃了过往的演技规则，展现出全新的演技。几乎没有记者或剧评家能真正理解他这种禁欲却又猥琐、抒情同时又带有喜剧式的演技。不过，高桥的演技实在惊人。

而这样的高桥看过我和年轻演员一起创作的戏后说，他好不甘心，为什么自己不是其中一员。公演期间他来看了那出戏三次。因为太过感动，所以一个人在观众席上起立鼓掌，一看到我就急着跟我握手。高桥在日常生活中的情感表现既直接又没有心机，我很欣赏。

我对高桥的自我表现很放心。不管是我或是我身边的年轻人，见到高桥都能变得坦率。超越了年龄、超越了世代，反而是我从他身上学到了许多。

对宇崎龙童的嫉妒

当我决定要导由浅丘百合子主演，根据樋口一叶所著的《浊流》（1984年1月，东京日生剧场）改编的戏时，一度很苦恼要邀请哪位作曲家。就在这时候，我偶然听到宇崎龙童《身与心》这首曲子，决定要邀请宇崎作曲。

跟宇崎先生开了几次会之后，有一天他穿着墨绿色帅气大衣出现，我对他说：

"这外套真不错。"

宇崎先生露出爽朗的笑容。

"是吗！你这么喜欢，那送给你吧。"

于是我收下了这件尼可拉牌的帅气外套。这衣服一定不便宜吧，不过反正他赚得比我多，不差这一件。

宇崎先生总是在繁忙的行程中抽空来到排练场，把排练状况录下，或者用拍立得拍下排练情景贴在剧本上，非常积极地想了解我要呈现的感觉，而他所谱出的曲子也确实精彩。我发自内心为他的才华而赞叹。

在那之后，我跟宇崎先生一起以模特儿身份参加了山本宽斋在两国国技馆办的时装秀。彩排之后，包括工作人员和模特儿等所有人都聚集在舞台上听导演点评。当时山本宽斋导演甩了导演助手一个巴掌，顿时大家鸦雀无声，现场弥漫着一片尴尬的气氛。我和宇崎先生走回休息室时说道："真不想再继续了。"

在那之后，我和宇崎先生又陆续合作了几出戏。有一天，宇崎先生又穿着帅气的牛仔夹克来到排练场。我对他说：

"啊，这夹克真好看。"

话还没说完，他就打断我：

"我就知道你一定会这么说，所以多买了一件，拿去吧。"

他递给我一个纸袋，里面放着一模一样的牛仔夹克。

后来每当我们一起工作，我就会从宇崎先生那里抢来不少东西，夹克、鹿皮靴、皮裤，等等。虽然嘴上说因为他赚得比我多，可是我打从心里感谢宇崎的温柔，而且我更嫉妒他在音乐上总是超越我要求的优异才能，嫉妒他美丽的太太，嫉妒他有头发，也嫉妒他爽朗的笑容。总之，我对他有说不完的嫉妒。

冈本健一的甄选

今天我剧团里有一场甄选，很多年轻人都来参加，他们都很紧张。有些人因为一些小失败而着急，这又让他们更紧张。我对他们说，不需要在意那些小失败，我想看的不是那些。没错，我想看的不是那些。技术固然重要，不过我真正想看的是他们展露出一个人的资质。

大概一年前吧，我在导唐十郎《导盲犬》这出戏的时候，冈本健一（男斗呼组）突然到排练场来玩。前一年我跟冈本一起合作过同样是唐十郎的作品《唐版 泷之白系》。跟松坂庆子小姐共同站在舞台上的冈本所展现出的新鲜、纯净演技，让我和唐十郎都觉得相当惊艳。当唐十郎知道冈本因为档期关系无法参与《导盲犬》的演出时，真的相当失望。

后来冈本到《导盲犬》的排练场来玩。结束排练之后他问我："蜷川先生，能不能给我《导盲犬》的剧本。""你要这个做什么？"我问他。他对我说："我很想演忠晴这个角色，明天能让我参加甄选吗？"我说："但你到时没档期吧？"他回答："不能演也无所谓，我只是想试试忠晴这个角色。明天之前我会把台词都记住、练习好，请您务必指教。"隔天我们照常排练。不知何时，穿着深色雨衣的冈本已经坐在排练场一角。等我们排练结束后，我走到冈本面前。怎么样？要试试吗？他一口答应。我告诉桃井熏小姐这件事，她说，好啊，我陪你对戏吧。于是，冈本在陌生排练场里，接受了一场自己根本不可能参加的公演甄选。冈本脱下雨衣，里面已经穿好忠晴的服装。

他开始演戏。我眼前看到的不是平常的冈本，而是那个个

性朴素又有些别扭的忠晴。戏演完了，排练场响起如雷掌声和
喝彩。大家都为冈本的演技和行为而感动。一出自己无法演的
戏，根本不能拿到的角色，只因为想演，就是如此单纯的理由，
冈本参加了我的排练。我想他一定一夜都没合眼吧。眼前的冈
本实在太耀眼。能遇见这样的人，让我觉得自己的人生、戏剧，
当然还有甄选这件事，仿佛都不坏。

我的三个东京

我在埼玉县的川口市出生长大，总是望着河对岸的东京。越过荒川前往东京，再越过荒川回到川口。川口是距离东京最近的乡下地方，这里越过荒川后就是东京都北区的赤羽。

电车渡过荒川的铁桥时会发出轰隆巨响。听到这声音我就会想，啊，到东京了；回程时就知道，这是回川口了。那时候的铁桥就是歌舞伎的花道、能舞台上的桥悬。东京就是一个交杂着梦想和混沌的舞台。

战败后，当时小学四年级的我经常跟母亲去看芭蕾、歌剧或歌舞伎。在二战后百花兴盛的文化复兴潮中，母亲就像被这漩涡给吸引，经常外出。对于来自富山县的母亲而言，当时的东京必然是个闪亮耀眼的文化中心。

大谷洌子和藤原义江的歌剧、小牧正英和贝谷八百子的芭蕾，母亲在日比谷公会堂和帝国剧场欣赏这些表演时，不知怀抱着何等热切的梦想。我总是会想起那些把东京当作梦想代价的人。

　　我初中和高中上的都是东京的学校，位于日暮里的开成。傍晚时分回到川口，总会跟上当地学校的老同学在附近商店街错身而过。"喂，最近怎么样？"我们会彼此打招呼，但与此同时，我心里总是有股难过和愧疚。

　　对于住在东京的人来说或许没什么意义，但是我总觉得"到东京上学"在这乡下小地方别具意义，自己心里多了几分顾虑。而当我想到这些顾虑可能出于傲慢，又让我觉得很受伤。

　　19岁时我成了演员，经常去麻布三之桥的青俳剧团排练场。剧团的研究生几乎都是从乡下地方来的，将近40个年轻演员中，只有两三个是东京人。

　　有趣的是，乡下来的演员都打扮得很入时。他们不希望被认为是乡下人，格外用心打扮，也说得一口正确过头的标准语。我们就这样染上了这种虚拟的东京风格。

　　后来我开始住在东京，再也不需要过桥了。生活在东京之后，我发现从川口看到的东京，跟我现在实际感受到的东京不太一样。现在居住的东京没有任何幻想，不过是个生活的日常空间罢了。

　　而现在，我往往在国外生活几个月，一回到东京不久又马上得出门。这时的东京又具有不同的意义。它成为世界的都市之一。

　　在我心里，有从乡下地方看到的东京、自己居住的东京，以及从世界的观点看到的东京，东京仿佛存在于这三种不同的视线中。

1992 年

三首安魂曲

花柳锦之辅

东京很多人都告诉我,《假名手本忠臣藏》很有趣,真想去新神户看戏。在新神户的评价传到东京,大约花了两个月时间。《沙拉纪念日》的作者俵万智也告诉我,她看完戏很兴奋,一路回京都都在聊忠臣藏的话题。

11月我在剧场时,看到观众席上拉起了一道横幅,上面写着"加油!请努力到最后",那是观众带来的横幅。演员退场后感动到流眼泪。当我跟东京人说起这些事,他们无不瞪大了眼睛羡慕地说,原来现在还有这么热情的观众啊。

11月21日,替《假名手本忠臣藏》编舞的老师花柳锦之辅过世了,年仅47岁。锦之辅先生虽然身体状况不佳,还是数度来到排练场，给我们许多指导。他还说，12 月无论如何都要到新神户看一场《忠臣藏》，但最后这个心愿终究没能实现。我跟锦之辅先生从《近松心中物语》一路合作了《美狄亚》《麦克白》《暴风雨》等作品，我想其中让他最辛苦的应该是《美狄亚》和《暴风雨》这两出戏。我请他改了好几次动作。我要求的是既不属于东方也不属于西方，不纯然强调风格样式也非绝对写实的表演，锦之辅先生一定煞费苦心。不过，他总是能编排出远比我的要求更精彩的动作。伦敦公演时，他的精彩编舞也大受好评。

我想起锦之辅先生曾经在排练场说过，《假名手本忠臣藏》就像表现着每个人死的美学。已经知道自己罹癌的锦之辅先生，不知是抱着什么样的心思来看这场排练。我心里满是痛失战友的惆怅。

1988 年

盐岛昭彦

最近我常想起阿昭。排练场休息时，看到演员聚在一起大声谈笑，我就忍不住在他们当中寻找阿昭的身影。去看别人的戏如果在观众席中发现熟识的朋友，我也会不自觉地看看阿昭是不是也在。到国外演戏，大家一起走进剧场后门时，我会担心阿昭有没有跟好。每次都让我再次确认阿昭已经不在，接着，我会变得暴躁，开始闹脾气。

盐岛昭彦，像这样写着他的名字总觉得怪，我还是习惯叫他阿昭。

我跟阿昭一起经历了许多工作。阿昭那怯生生的视线，像是挨骂小狗般的眼神，长脸，多毛的手，庞大的身躯，响亮的声音，还有他的温柔善良。这些一个一个加起来，让阿昭成为一个充满魅力的演员。

唐十郎的《下谷万年町物语》这出戏中，阿昭扮演男娼阿市。巴而可剧场中，他身穿金丝垂落、残破不堪的花魁褂衫从观众席中走出。他一出声，座无虚席的场内便响起一阵欢呼声，那欢呼声就是对这异形者的感动之声。

没错，阿昭就是一个异形者，能轻松跨越我们误以为是现代标准的尺度。从阿昭的演技和他的人生中，我们看到了自己失去的东西、必须获得的东西，并且从中获得鼓励。尽管如此，不，正因为如此，异形者才会留下我们，独自踏上旅途。留下来的人只能继续传述他的神话。

阿昭真的是一个好演员，他总是对我说："蜷川先生，你一定得跟好演员工作才行，知道了吗？"

知道了，阿昭。但是，阿昭却已经不在了！

1992 年

太地喜和子

太地喜和子走了。

凄惨的死法让我心痛不已。竟死在落海的车中！

跟喜和子第一次共事是在《近松心中物语》时。秋元松代女士将近松的三篇作品重新打造编排，写就了这出作品，其中喜和子饰演的是《冥土的飞脚》中的游女梅川。

喜和子精彩地诠释了因为对心爱男人的炙热心意，终至殉情的梅川。在两人惆怅的邂逅、不堪的拥抱、忍耐贫穷的瞬间，还有对温柔的感谢，以及社会底层女人的细节上，喜和子的演技都显得耀眼出色。

那就像是一种战栗的灵魂，或者该说是不幸女人随风飘荡的灵魂，强烈地打动我的心。

喜和子在排练场经常笑。她的大笑是出了名的。排练不顺利觉得难堪时她也经常笑，然后会突然皱起眉头。她对自我意识的处理方法相当独特，出乎意料的认真性格就好比一根刺一样，从她的大笑当中蹿出头来。

在排练场中如果被我骂，她总会大声地说："您辛苦了！"然后像螃蟹一样横着走回去，带着深锁的眉头。

隔天，她会笑着走过来，表现出精彩的演技给我看。听到我称赞，她会害羞地说："我还会进步，你等着。"

实在令人心痛。

　　我以前一边导戏一边当演员时，她曾经看着电视上的画面对我说："蜷川先生，再这样下去我无法尊敬您，请别再演戏了。要是日子过不下去，我养你。"

　　她的认真让我相当惊讶，从那时候起，我就不再演戏了。

　　去年 12 月，《假名手本忠臣藏》让我们睽违许久再次共事。这次的角色戏份较少，我很意外喜和子愿意帮忙。我对她说："真想再跟你一起工作，这角色太可惜了。要是不快点，以后的事谁晓得呢。"喜和子也跟我约定："就是啊，谁知道我们还能活多久。那就这么说定啰。"

　　我总觉得喜和子是个没有被满足的灵魂，心里一直很挂念，看到她声音渐渐嘶哑，我也担心继续这样下去她前途堪忧。那时候我问她档期："明年秋天（也就是今年秋天）有空吗？"她回答我："都已经满了。你再想想下次的计划吧。"在那之后我想了许多适合她的角色。

　　但是，都没用了。

　　一个冲向自我毁灭的不幸灵魂！这也算是在戏剧这个战场上的一种死亡吗？

1992 年

另一所学校

　　小时候母亲偶尔会带我去看"文乐"①。她也经常带我去看歌舞伎、歌剧或芭蕾。我不知道为什么母亲总会带着我出门，但我深信，一定是当时的体验引导我现在从事导演工作。

　　母亲喜欢山城少掾，经常热切谈论他的表演。至于我，总觉得文乐阴暗不起眼，就像长镜头电影一样，无法像投入歌舞伎和歌剧一样进入文乐的世界。后来我再也没跟母亲一起去看过了。

　　好久没打电话给上了年纪的母亲，我问她，小时候一起去的文乐剧场在哪里，她说："有这回事吗？我不记得了。"我问她："你以前不是很喜欢山城少掾吗？"话筒另一端的母亲不知该怎么回答，一直保持沉默。

　　30岁那年想当导演时，我下定决心，要把新剧视为古旧而

────────────

① 日本传统艺能，是一种由净琉璃（一种日本说唱叙事表演，通常使用三味线伴奏）和人偶进行演出的"人偶剧"。——编注

抛弃的传统演艺，正确导入自己的工作中。曾经进入新剧世界的我认为，欧洲戏剧当然是一所学校，而另一所学校就是歌舞伎和文乐。我在这所学校里学了许多东西，而那些影响也在我导过的作品中处处可见。

我自己读了《歌舞伎的剧本》和《近松净瑠璃》以及许多"谣曲"，学习了一番。当然，只要有空我就会去剧场。直到现在，我还是很喜欢读跟文乐历史有关的书。在那段历史当中，有许多我们戏剧人不得不牢记在心头的事件。

去年我在伦敦跟英国演员一起工作。他们非常积极地谈论戏剧话题，不久之前，日本演员也很热情，很喜欢一起谈戏。但是现在这种人似乎变少了。我跟英国演员一起吃饭时，谈起该如何培养年轻演员。我们热切地讨论，究竟需不需要一所演员学校。

我认为日本的演员教育几乎已经到了绝望的地步。没受过任何训练、自称是演员的人已经太过泛滥。傲慢的演员和导演，对于传统演艺的断绝觉得丝毫不痛不痒。我对于国立剧场目前推行的"传统演艺传承者的培养"给予极高评价。除了有志从事传统演艺的人，想投身现代剧的人也应该接受这个课程。看到修毕歌舞伎演员研修课程并且曾经跟我一起工作数次的中村又之助，我就更确信这一点。

我相信，除了文乐的未来，我所从事的现代戏剧的未来，也不能缺少传统演艺的正确传承。

后　记

　　书的标题我向来请编辑决定，从来没有一本书是自己定的标题。我或许是想以此表明，自己并不是个借文章来表现自我的人。

　　老实说，我从来不觉得写文章很轻松。我总是后悔不已。但是面对某些编辑，却又无法拒绝他们的要求。连我自己都觉得不可思议。

　　本书也是由此而来的。纪伊国屋书店的太田裕子小姐，非常感谢您。

　　对于书中出现的所有人物，我也由衷致上我的谢意。感谢各位。

蜷川幸雄

文库版后记

我今年 77 岁了，不过直到现在，我仿佛还摆脱不了 20 世纪 70 年代初期，用一把折叠刀抵在我侧腹部说"蜷川先生，你现在能高谈希望吗？"的那个青年的强烈视线。

我总觉得那个手拿折叠刀的青年一直坐在观众席上盯着我的舞台看。

我没有写文章的天分，所以总是约束自己别多写。但令人难为情的是，在许多人的温暖支持下，现在书即将推出文库版。

真的很不好意思。

一方面希望最好没人看，同时又希望有很多人能读到，心里真是百感交集。

总之，在此郑重感谢各位。

蜷川幸雄

2012 年 11 月

图书在版编目（CIP）数据

千刃千眼 /（日）蜷川幸雄著；詹慕如译 . —— 成都：
四川人民出版社，2019.3

ISBN 978-7-220-11145-7

Ⅰ . ①千… Ⅱ . ①蜷… ②詹… Ⅲ . ①蜷川幸雄—自
传 Ⅳ . ① K833.135.78

中国版本图书馆 CIP 数据核字 (2018) 第 280885 号

四川省版权局
著作权合同登记号
图字：21-2018-713

Sen no Naifu, Sen no Me

by Yukio Ninagawa

Copyright © 2013 by NINAGAWA COMPANY Ltd.

The original edition was first published in 1993 in Japan by Kinokuniya Company
Ltd. and paperback edition was published in 2013 by CHIKUMASHOBO LTD.

Simplified Chinese translation rights arranged with CHIKUMASHOBO LTD.
through Japan Foreign-Rights Centre/ Bardon-Chinese Media Agency

本中文简体版版权归属于银杏树下（北京）图书有限责任公司。

QIANRENQIANYAN

千刃千眼

著　者	［日］蜷川幸雄
译　者	詹慕如
选题策划	后浪出版公司
出版统筹	吴兴元
编辑统筹	赵丽娜
责任编辑	王其进　熊　韵
特约编辑	江润琪　董纾含
装帧制造	墨白空间·陈威伸
营销推广	ONEBOOK
出版发行	四川人民出版社（成都槐树街 2 号）
网　址	http://www.scpph.com
E - mail	scrmcbs@sina.com
印　刷	北京盛通印刷股份有限公司
成品尺寸	143mm × 210mm
印　张	7
字　数	138 千
版　次	2019 年 3 月第 1 版
印　次	2019 年 3 月第 1 次
书　号	978-7-220-11145-7
定　价	56.00 元

后浪剧场

后浪剧场 001
《戏剧的故事》
一堂声情并茂的戏剧历史课　　一幅鲜活华美的舞台风情画

（插图第 9 版）
[美] 埃德温·威尔森 阿尔文·戈德法布 著 / 孙菲 译 / 廖向红 作序推荐
2016 年 3 月，49.80 元　书号：978-7-5502-6840-1

后浪剧场 002
《像导演一样思考》
普利策奖得主联袂推荐，写给所有导演的实用创作手册

[美] 迈克尔·布鲁姆 著 / 李淑贞 译
2013 年 7 月，29.80 元
书号：978-7-5502-1477-4

后浪剧场 003
《尊重表演艺术》
阿尔·帕西诺、罗伯特·德尼罗的表演课老师倾囊相授

（最新修订版）
[美] 乌塔·哈根 著 / 胡因梦 译 / 李安 赖声川 田沁鑫 史航 推荐
2018 年 3 月，38.00 元　书号：978-7-5502-5525-8

后浪剧场 004
《演技教程：表演心理学》
斯坦尼体系研究心得　　焦菊隐学派衣钵传承

（最新修订版）
傅柏忻 著 / 夏淳 鲍国安 作序推荐
2018 年 8 月，定价 78.00 元　书号：978-7-5596-1307-3

后浪剧场 005
《表演的艺术：斯特拉·阿德勒的 22 堂表演课》
全面深入了解斯特拉学派表演技法及思想的权威著作

[美] 斯特拉·阿德勒 著 / 霍华德·基塞 编辑整理 / 李浩 译 / 马龙·白兰度 作序推荐
2014 年 7 月，39.80 元
书号：978-7-5502-3042-2

后浪剧场 006
《银幕形象创造》
赵丹生前唯一一部表演专著　　第一手创作笔记与实践总结

（百年诞辰典藏纪念版）
赵丹 著 / 黄宗英 黄磊 推荐
2015 年 10 月，88.00 元　书号：978-7-5502-5826-6

后浪剧场 007
《表演训练手册》
普利策戏剧奖、托尼奖、奥斯卡金像奖得主大卫·马梅的表演训练课

[美] 梅利莎·布鲁德等 著 / 刘亚 马潇婧 译
2016 年 2 月，42.00 元
书号：978-7-5502-6238-6

后浪剧场 008
《如何指导演员：导演的必修课》
500 余位导演的幕后导师 好莱坞顶级推手　　朱迪丝·韦斯顿 告诉你"导戏"的艺术

[美] 朱迪丝·韦斯顿 著
2016 年 5 月，36.00 元
书号：978-7-5502-7035-0

后浪剧场 009

《石挥谈艺录 把生命交给舞台》

全面思考话剧行业文化生态　　折射中国话剧发展历程

石挥 著 / 李镇 主编
2017 年 1 月，68.00 元
书号：978-7-5502-9325-0

后浪剧场 010

《石挥谈艺录 演员如何抓住观众》

细述如何把握台词、动作、演员与观众的关系

石挥 著 / 李镇 主编
2017 年 5 月，99.80 元
书号：978-7-5502-9526-1

后浪剧场 011

《石挥谈艺录 雾海夜航》

探寻石挥生命轨迹与心路历程的第一手资料

石挥 著 / 李镇 主编
2017 年 7 月，88.00 元
书号：978-7-5502-9520-9

后浪剧场 012

《表演训练法：从斯坦尼到阿尔托》（修订版）

一部融汇当今国际各流派表演训练方法的实用手册　　内含 10 小时在线教学视频

林洪桐 著 / 史铁生 作序推荐
2017 年 4 月，68.00 元
书号：978-7-5502-9601-5

后浪剧场 013

《如何做导演：从观念到技术》

托尼奖、奥比奖、剧评人奖获得者威廉·保尔舞台经验首次结集出版

[美] 威廉·保尔 著 / 孙菲 蔡骁颖 译
2017 年 7 月，35.00 元
书号：978-7-5502-9738-8

后浪剧场 014

《演员的力量：查伯克十二步骤表演法》

自 2004 年出版以来　　已被翻译成 18 种语言

[美] 伊万娜·查伯克 著 / 邢剑君 译
2017 年 10 月，68.00 元
书号：978-7-5142-1819-0

后浪剧场 015

《表演应试手册》

一部畅销十年的表演艺考完全指南

（修订版）
林洪桐 著
2017 年 10 月，56.00 元　书号：978-7-5596-0769-0

后浪剧场 016

《演技六讲：创造角色的灵魂》

周润发、梁朝伟、刘青云、周星驰流传阅读的表演圣经

（增订纪念版）
[美] 理查德·波列斯拉夫斯基 著 / 郑君里 吉晓倩 译
2017 年 10 月，68.00 元　书号：978-7-2201-0404-6

后浪剧场 017

《李国修编导演教室》

一代戏剧大师四十年剧场修行笔记

李国修 著 / 黄致凯 整理
2017 年 12 月, 68.00 元
书号: 978-7-5596-1085-0

后浪剧场 018

《表演练声课：释放天然嗓音》

国际影响力最大的发声教材　　已被译为德、俄等六种语言

[英] 克里斯廷·林克莱特 著 / 彭莉佳 译
2018 年 4 月, 60.00 元
书号: 978-7-5142-2001-8

后浪剧场 019

《表演的技术：迈克尔·契诃夫表演训练法》

享誉世界的表演训练大师代表著作　　已被译为俄、德、法、西、日等十几种语言

[美] 迈克尔·契诃夫 著 / 李浩 译
2018 年 6 月, 46.00 元
书号: 978-7-2201-0616-3

后浪剧场 020

《东欧戏剧史》

我国第一部专门评介东欧各国戏剧发展的著作　　全面系统了解东欧剧变前诸国戏剧文化的珍贵资料

（修订版，共七卷 ）
杨敏 主编
2018 年 8 月, 280.00 元　书号: 978-7-5502-8707-5

后浪剧场 021

《戏剧表现的观念与技法》

整理自中央戏剧学院导演系讲课提纲　　在戏剧创作、教学与观赏中理解舞台语言的重要读本

林克欢 著
2018 年 9 月, 60.00 元
书号: 978-7-5596-2129-0

后浪剧场 022

《演员怎样进入角色：吉斯特表演法》

听耶鲁表演系主任化解核心问题　　像角色一样自由地生活和呼吸

[美] 乔·阿尔伯蒂 厄尔·R·吉斯特 著 / 朱黎伊 译
2018 年 11 月, 49.80 元
书号: 978-7-5596-2392-8

后浪剧场 023

《英国皇家戏剧学院表演训练法》

百年名校的国宝级表演训练法　　英国戏剧界通用基础教育课程

[日] 三轮绘理花 著 / 张吉琳 译 / 现代演剧协会 主编
2018 年 10 月, 42.00 元
书号: 978-7-5142-2310-1

后浪剧场 024

《戏剧概论》（修订版）

日本早稻田大学王牌戏剧课讲义汇编　　自 1978 年出版至今风行 40 载

[日] 河竹登志夫 著 / 陈秋峰 杨国华 译
2018 年 10 月, 49.80 元
书号: 978-7-220-10901-0

后浪剧场 025

《认识戏剧》

一部畅销了 30 余年的戏剧通识读物

[美] 埃德温·威尔森 阿尔文·戈德法布 著 / 朱拙尔 李伟峰 孙菲 译
2019 年 4 月，99.80 元
书号：978-7-220-10916-4

后浪剧场 026

《给演员的片场建议：排除干扰，在镜头前奉上出色表演！》

山姆·雷米、基努·里维斯授业恩师之作　　来自内行人的影视表演箴言，直击灵魂的犀利指导

[美] D.W. 布朗 著 / 朱黎伊 译
2018 年 11 月，32.00 元
书号：978-7-5411-5131-6

后浪剧场 027

《如何在镜头前表演》（修订版）

影视表演实用手册，手把手教你闯荡片场　　历经多次修订，被译为西、意、韩等多国语言

[美] 托尼·巴尔 著 / 刘亚 译
2018 年 11 月，52.00 元
书号：978-7-5411-5154-5

后浪剧场 028

《激昂的幻梦：从斯坦尼体系到方法派表演》

方法派表演体系开山之作　　斯氏体系留待解决的问题，这本书找到了答案

[美] 李·斯特拉斯伯格 著 / 伊万杰琳·墨菲斯 编辑整理 / 姜若瑜 译
2018 年 12 月，68.00 元
书号：978-7-5168-2141-1

后浪剧场 029

《诗意的身体：雅克·勒考克的创造性剧场教学》

形体戏剧奠基之作　　已被翻译成 20 多种语言

[法] 雅克·勒考克 著 / 让－加布里埃尔·卡拉索 让－克劳德·拉利亚 编著 / 马照琪 译
2018 年 12 月，60.00 元
书号：978-7-5411-4880-4

后浪剧场 030

《千刃千眼》

日本著名导演蜷川幸雄回忆录

[日] 蜷川幸雄 著 / 詹慕如 译
2018 年 12 月，56.00 元
书号：978-7-220-11145-7

后浪剧场 031

《斯氏体系在中国》（修订版）

解析斯氏体系被误解的成因　　直击体系真正要义

姜涛 著
2019 年 1 月，99.80 元
书号：978-7-5411-4881-1